AF751936

कुछ अपनी कुछ जग की

notionpress.com

कुछ अपनी
कुछ जग की

मनोज कुमार श्रीवास्तव

notionpress
.com

Notion Press

Old No. 38, New No. 6
McNichols Road, Chetpet
Chennai - 600 031

First Published by Notion Press 2016
Copyright © मनोज कुमार श्रीवास्तव 2016
All Rights Reserved.

ISBN 978-1-945497-95-7

This book has been published with all efforts taken to make the material error-free after the consent of the author. However, the author and the publisher do not assume and hereby disclaim any liability to any party for any loss, damage, or disruption caused by errors or omissions, whether such errors or omissions result from negligence, accident, or any other cause.

No part of this book may be used, reproduced in any manner whatsoever without written permission from the author, except in the case of brief quotations embodied in critical articles and reviews.

मेरी प्रेयसी, मेरी हृदयांशी,
मेरी अर्धांगिनी नमिता को समर्पित

अनुक्रमणिका

अपनी बात

मित्रों, अत्यंत हर्ष का विषय है कि मेरी दूसरी पुस्तक "कुछ अपनी कुछ जग की" आज आपके हाथों में है, मेरी प्रथम पुस्तक "अवशेष" जहां एक कहानी संग्रह थी, जिसे आपने पढ़ा और बेहद सराहा भी, जिसके लिए मैं आपका हृदय से आभारी हूं, तो वहीं दूसरी ओर यह पुस्तक एक काव्य संकलन के रूप में आपके सम्मुख है, जैसा कि पुस्तक के शीर्षक से ही स्पष्ट है कि इसमें कुछ अपनी और कुछ समाज संसार की बातें हैं। अतः इसमें ईश्वर की भक्ति में रचे बसे कुछ भजन हैं, तो प्रेम याचना, प्रेम प्रदर्शन करते भी कुछ गीत, कुछ रचनाएं हैं, एक ओर जहां सम-सामयिक विषयों को उठाया गया है, तो वहीं दूसरी ओर बच्चों के लिए भी कुछ एक कविताएं रखी गई हैं,

मैंने अपनी रचनाओं में कुछ प्रयोग भी किए है, दो रचनाओं में हिन्दी और अंग्रेजी दोनों के शब्दों का प्रयोग किया है, ये रचनाएं गेय हैं और संगीतबद्ध अथवा गाए जाने पर इनका प्रभाव बढ़ जाता है, इसी प्रकार श्रंगार रस के भी कुछ गीतों को प्रस्तुत पुस्तक में सम्मिलित किया गया है, जोकि अलग अलग मौलिक धुनों पर रची गई हैं। अतः यदि कभी आप इसे सुनेंगे तो आनंद चौगुना हो जाएगा। पुस्तक की रचनाएं ऐसी नहीं हैं जो कि तत्काल लिखी गई हैं अथवा पुस्तक लेखन के उद्देश्य से रची गई हैं, इनका मुख्य उद्देश्य सदैव ही आत्मसुख रहा है और ये केवल आत्मसंतोष हेतु ही लिखी गई थी, परन्तु चूंकि ये बिखरी पड़ी थी, अतः यह आवश्यक जान पड़ा कि इन्हें संकलित कर दिया जाए, और इसी के फलस्वरूप यह पुस्तक आपके सम्मुख है।

व्यक्तिगत बात करूं तो, युं तो काव्य लेखन सदैव से ही मेरा रूचिकर विषय रहा है और बचपन से ही मैं कविताएं लिखता रहा

हूं, लेकिन जीवन में शौक का स्थान सीमित है, जीविकोपार्जन के लिए धन की आवश्यक्ता होती है और धनोपार्जन के लिए रोजगार की। फिर रोजगार को समय देने की आवश्यक्ता पड़ती है और समयाभाव आपसे आपके शौक को छीन लेता है, धन का सीमित ही सही परन्तु अपना महत्व है, अतः धन के बारे में यही कहूंगा कि -

मर्म कहां जब पेट है भूखा,
बिन वर्षा के खेत है सूखा।
बजट से ऊपर की मंहगाई,
खाएं क्या मंहगा है भूसा।
नदी का जल भी पीना मुश्किल,
उसमें तो कचरा बहता है।
तो धन दौलत है कंकड़ पत्थर
नहीं कहूंगा,
इससे ही तो घर चलता है।।

अतः निरन्तर नहीं, परन्तु जब भी कोई विषय मन को उद्वेलित करता है, तो अंततः वह किसी लेख अथवा काव्य का आकार लेकर ही शान्त होता है, जब तब इनमें से कुछ रचनाएं समाचार पत्रों और पत्रिकाओं में भी आपनी पढ़ी होगी, कुछ एक आकाशवाणी पर भी सुनी हो सकती है, प्रस्तुत पुस्तक में मैंने अपने सम्मुख भिन्न कालखंडों में आए अनेक विषयों को सम्मिलित किया है, आशा है आपको पसन्द आएंगी।

इस पुस्तक के माध्यम से मैं कुछ अभिन्न साथियों को अवश्य ही धन्यवाद ज्ञापित करना चाहूंगा, जोकि इस समग्र लेखन में कहीं न कहीं मेरे साथ जुड़े रहे, जिन्होंने सदैव ही मुझे प्रोत्साहित किया और निरन्तर लिखते रहने की प्रेरणा भी दी, मैं संस्कृति श्रीवास्तव, प्रियंका राज, कृति नांगिया, गीता दहिया, डा.मधुलिका मिश्रा त्रिपाठी, संदीप श्रीवास्तव एवं श्री त्रिभुवन नाथ तिवारी का इस हेतु विशेष आभार व्यक्त करना चाहता हूं, जो सदैव ही मेरे लिए प्रेरक रहे। फिर अपने माता पिता का आभार व्यक्त न करना

कृतघ्नता होगी, अतः मैं उनके प्रति अपना आभार प्रकट करते हुए यही कहूंगा कि -

नन्हें नन्हें, तिनके तृण के,
ढूंढ के धरती अम्बर सागर,
उत्कर्षों के राजमहल को,
चंद्र रश्मियां संग दिवाकर।
सत्व संकलित अंक समेटे,
मृदु स्वर बोला यही मही से,
बस इतना सा वर देना माँ,
मां की इच्छा पूरी करना ।।

अन्ततः यही कहूंगा, कि यह पुस्तक मेरी ही नहीं कहीं न कहीं आपकी भी भावनाओं का प्रतिनिधित्व करती है, कुछ रचनाएं आपको आपके बेहद करीब महसूस होंगी, और यदि ऐसा हो सका तो मुझे लगेगा कि मेरा लेखन सार्थक रहा। आपसे संवाद, आपकी प्रतिक्रिया और आपके पत्राचार व सम्पर्क की प्रतीक्षा व आकांक्षा में,

आपका ही,
मनोज कुमार श्रीवास्तव
ए-6/59, तृतीय तल
पश्चिम विहार, नई दिल्ली - 63,
मोबाइल - 7838117400
स्थाई पता - द्वारा श्री सीताराम श्रीवास्तव
मोहल्ला - आर्यनगर, (निकट गुरूद्वारा)
उतरौला, जिला - बलरामपुर (उ.प्र.)

1. किसके कारण

किसने धरती को गति दी है?
किसने आंगन महकाया है?
किसने दिव्य प्रकाश धरा पर,
चहुं ओर फैलाया है?

किसके कारण बगिया के,
वृक्षों पर फल लग जाते हैं?
किसकी शक्ति के समक्ष,
हम विस्मित से रह जाते हैं?

किसने नदियां, किसने सागर,
किसने घाटी को रूप दिया?
किसने शरीर में प्राण डाल,
हमें जीने का प्रारूप दिया?

किसके कारण से पक्षी भी,
उड़ने का साहस पाता है?
किसके कारण कोई जलचर,
हो जलविहीन मर जाता है!

किसने हमको इन जीवों से,
थोड़ा सा विलग कर पाला है?
किसने मस्तिष्क को कर सिंचित,
विज्ञान ज्ञान को डाला है?

आज उसी शक्ति की ऊर्जा रूपी,
दिव्य प्रभा लहराई है।
मन में है यह विश्वास परम,
नव मधुरस भरने आई है ।।

2. सुप्रभात

वही दिशाएं, वही गगन है,
वही अनन्त, विशाल चमन है।
वही खूबसूरत से पंछी,
वही साथ के मेरे संगी।
वही वृक्षों की हरियाली,
वही चाय की मेरी प्याली।
वही हमें मित्रों का सहारा,
वही काम का टंटा सारा।
वहीं प्रतीक्षा के साये में,
अकुलाते हृदय ने पूछा -
क्या कोई कुछ खास बात?
अहा, ये कैसा सुप्रभात!

3. खुद के बारे में कहूं क्या?

खुद के बारे में कहूं क्या, खुद से मैं अनजान हूं,
लोग समझाते मुझे कि मैं भी इक इन्सान हूं।
ये नहीं गफलत यकीनीं बात है सबको पता,
वक्त की बस देर वरना मौत का सामान हूं।

बेसबब कैदी परिंदा, उड़ता हूं मंजिल नहीं,
ठहरा पल भर को जहां, कह सकता उसको घर नहीं।
देख करके बेबसी मैं खुद से भी हैरान हूं,
लोग समझाते मुझे कि मैं भी इक इन्सान हूं।
खुद के बारे में....

हसरतें ना जाने क्या क्या, हैं मगर किसके लिए?
जिसका कुछ भी है नहीं, उसको भला क्या चाहिए?
जीने को क्या-क्या जुटाया, खुद मगर मेहमान हूं।
लोग समझाते मुझे कि मैं भी इक इन्सान हूं।
खुद के बारे में....

ले चलो उस ठौर पर, हासिल जहां ठहराव हो,
चलते चलते थक गया हूं, और न भटकाव हो,
इल्म तो कुछ भी नहीं कि रूह हूं या जान हूं,
लोग समझाते मुझे कि मैं भी इक इन्सान हूं।
खुद के बारे में कहूं क्या, खुद से मैं अनजान हूं।
लोग समझाते मुझे कि मैं भी इक इन्सान हूं ।।

4. सब बढ़िया है!

आधुनिकता के दौर में,
टूटा हर सुख सपना।
हुए स्वार्थी रिश्ते नाते,
मीत बचा ना कोई अपना।
खींच खांच के चलती गाड़ी लढिया है।
सब बढ़िया है!

टूटी फूटी खटिया पर,
बैठा अध्यापक।
जनगणना मतगणना का,
हर काम है व्यापक।
बच्चों हित ना बोर्ड, चटाई, खड़िया है।
सब बढ़िया है!

भई दूर रोटी चटनी,
सत्तू, पिआज, मरचा, चोखा।
निर्धन की टूटती साँसों में,
वे ढूंढते वोटों का मौका।
टूट रही सत्ता समाज की कड़ियां हैं।
सब बढ़िया है!

देखी नार, टपकती लार,
ढूंढ रहे अब तक ये प्यार।
घर में बीवी बच्चों को छोड़,

बाहर में मुँह रहे मार।
टूटे दाँत, पोपला चेहरा, पेट हो गया हड़िया है।
सब बढ़िया है!

गाँव छोड़, छोड़ा सुकून,
बस भागमभाग का रेला है।
उलझा मन ऊंचे भवन देख,
हर काम में यहाँ झमेला है।
मन को तो देती सुकून, मेरे गाँव की टूटी मड़िया है।
सब बढ़िया है!

5. शोक

उस दिन मैंने उसको देखा,
चिन्तित सा।
बूढ़े बाप के जीवन की,
अन्तिम दशा को देख
लगा वह मुझे व्यथित था।
मैंने ढांढस बंधवाया,
तो मुझसे बोला -
बापू की दोनों किडनियां
हो गई हैं खराब।
डाक्टर शहर ले जाने को कहता है,
लेकिन मैं सोचता हूं कि
क्या दोनों किडनियां खराब होने पर भी
कोई बच सकता है?
नहीं न!
फिर धन की बरबादी से भला क्या फायदा?
और बापू को शहर ले जाने का क्या कायदा?
पर चिन्ता इतनी ही नहीं है,
बापू अगर यहीं मर गये तो!
भला मैं अकेला ही कैसे कर पाऊंगा
तमाम सारे अन्तिम कर्म?
कैसे अकेले ही निभाऊंगा तीन पुत्रों के
पिता हेतु अपना धर्म?

पुत्र तो तीनों बराबर हैं,
हिस्सा भी तो सब बराबर ही पायेंगे।
सो सबका ही कर्तव्य बनता है ।।
फिर पता नहीं बापू का भला हंमारे ही
घर में क्यों मन लगता है?
उसकी ये बातें,
शायद पास ही लेटे
उसके अधमरे पिता के
कानों में जम गई।
और उनकी बूढ़ी सांसे,
वक्त से पहले ही थम गई।
बूढ़े पिता का मरना था कि
घर में मच गया हाहाकार,
चारो तरफ रूदन था,
शोक था,
सान्त्वना देने वालों की भी
लगने लगी थी कतार।
परन्तु उनका वह सुपुत्र! सबसे ज्यादा दुखी था!
उसके आंसू सबसे ज्यादा निकल रहे थे,
उसकी आवाज कहीं दूर तलक सुनाई दे रही थी।
शायद इसलिए कि
बाकी लोगों के आने में तो समय लगना था,
और अब अन्तिम संस्कार का
सारा खर्च उसे खुद ही सहना था ।।

(आकाशवाणी आगरा से प्रसारित)

6. विवशता

उस दिन मैंने उसको देखा,
रोता था।
कहता था कि,
भूखा हूं
और नहीं किया है
मैंने भोजन कई दिनों से!
उसको भोजन करवाया,
फिर मैंने पूछा -
तुम तो आखिर
पढ़े लिखे हो,
भला नहीं फिर करते कुछ क्यूं?
थोड़ी देर के बाद वह आखिर
सोच के बोला -
यही कमी है,
बी.ए. पास हूं,
आखिर पत्थर तोड़ूं कैसे?
पुरखों की मर्यादा,
उनसे मिली साख से,
आखिर मैं मुख मोड़ूं कैसे?
क्या मजदूरी की खातिर ही,
पला बढ़ा था।
नहीं नहीं!

बेहतर है भूखा ही
मर जाना,
पर पढ़ा लिखा हो जाए व्यर्थ,

मंजूर नहीं है।
अपने कद से नीचे,
कुछ भी करने का,
मेरे घर में दोस्त मेरे,
दस्तूर नहीं है ।।

(आकाशवाणी आगरा से प्रसारित)

7. मुश्किल चुप रहना है...

सहसा यह क्या हुआ, कठिन कहना है.
मौन की अपनी भाषा पर, मुश्किल चुप रहना है.

हे हृदय सम्राट,
व्यक्ति हे मानव महा विराट,
सदा ही मोहक सी मुस्कान,
उच्चतम् भारत मां के ललाट,
खो दिया पल में ही हमने,
सुन्दरतम अपना गहना है...
मौन की अपनी भाषा पर मुश्किल चुप रहना है.

हे बहुआयामी विकराल,
बनाये तुमने शत्रु के काल,
बजाये सबने अपने गाल,
मगर तुम सौम्य रहे हर हाल.
हां धारा सा प्रवाह ये जीवन,
सबको बहना है...
मौन की अपनी भाषा पर मुश्किल चुप रहना है.

देश का खूब रखा सम्मान,
देश को मिली नई पहचान,
इस गुणसागर रस-खान
अग्नि ने अंतिम भरी उड़ान...
अब कह ले दुनिया खूब,

जिसे जो कुछ भी कहना है.
मौन की अपनी भाषा पर मुश्किल चुप रहना है.

(पूर्व राष्ट्रपति ए.पी.जे.अब्दुल कलाम को सादर श्रद्धांजली)

8. अभी अभी सपना टूटा है!

नहीं कहो कुछ, कुछ मत बोलो,
कोई अपना ज्यों रूठा है,
अभी अभी सपना टूटा है...

एक सुनहरी सी आभा थी,
एक मधुर सी छवि चित्रित थी,
अभी तो था आकाश सजाया,
लगा ज्यों नव जीवन ने गति ली.
क्षण भर में सम्मोहन बिखरा,
मन फिर बोला -
स्वप्न पराया, जग झूठा है.
नहीं कहो कुछ, कुछ मत बोलो,
अभी अभी सपना टूटा है...

हम थे दौड़े, हम थे भागे,
कभी-कभी खुद से भी आगे,
दुख था सुख था, हम स्थिर पर,
पलकों में संसार बसा के.
एक ही झटके में फिर किसने
इस हृदय के स्पंदन को,
आ लूटा है?
नहीं कहो कुछ, कुछ मत बोलो,
अभी अभी सपना टूटा है...

अलसाई आंखों में अब भी,
वही झलक है, वही कसक है.
वहीं पे खो जाने को आकुल,
मन की इच्छा भी भरसक है.
आधे-अधूरे स्मृत-विस्मृत करते झंकृत,
आशाओं के बोझ तले,
अम्बर फूटा है.
नहीं कहो कुछ, कुछ मत बोलो,
अभी अभी सपना टूटा है...

नहीं रुकूंगा, नहीं चुकूंगा,
चुप भी नहीं हरगिज बैठूंगा,
पुनः उठूंगा, पुनः लड़ूंगा,
स्वप्न जहां पर फिर पहुंचूंगा.
गर पाषाण भी है पिघलेगा,
बोल पड़ेगा -
अभी भी एक सवेरा सम्मुख,
कोई नहीं मुझसे रूठा है,
आज नहीं कल पूर्ण पर होगा,
स्वप्न आज का जो टूटा है.

9. चरित्र

उस दिन मैंने उसको देखा,
परेशान सा।
उसे चाहिए था इक
चरित्र प्रमाण पत्र,
सरकारी नौकरी
की अर्जी भरने
के लिए।
मान कर
एक बुद्धिजीवी की
सलाह,
वह सरकारी दफ्तर
जा पहुंचा,
और
फिर सरकारी बाबू ने
सौ का एक नोट लेकर
उस कागज पर
दस्तखत कर दिए,
जिस पर लिखा था
कि
उसका चरित्र उत्तम है!

(आकाशवाणी आगरा से प्रसारित)

10. विवेक

सब लोग थे घर के
पीट रहे,
इक अनब्याही
गर्भवती को।
सब उससे पूछ
रहे थे?
कि कहां था
उसका विवेक,
जब उसने
इक अधेड़
से रासलीला रचाई थी?
क्या उसे घर की इज्जत,
और बुजुर्गों का,
जरा भी ख्याल नहीं आया था?
पिटते पिटते ही
अचानक वह
युवती जोर से चिल्लाई -
कि
मैं तो नादान थी,
फुसलाई गई,
पर जीवन के साठ पतझड़
देख चुके

उस अधेड़ से भी
क्या कोई पूछेगा?
कि भला उसका
विवेक कहां था?
ओर घर परिवार
की सुध
भला उसे क्यूं नहीं आई।।

11. कर्ज

रह जाओ इनको देख ठगे,
केश हैं बिखरे, वस्त्र फटे,
सुन्दरता को छुपाते रहते,
मैल ये तन के.

भारत मां की ये सन्तानें,
बेबस फिरते ढूंढें दानें.
एक निवाले को युं भटकें,
ज्यों गली के कुत्ते.

मिली इन्हें बस, घृणा प्यारे.
काम के लिए दौड़े हारे.
भार लिए ढ़ोते फिरते,
बेबस जीवन के.

जीवन कैसा ये जीवन है,
मन दूषित, कहीं दूषित तन है!
क्यूं न कोई इनको अपनाए,
अपना बन के?

जाड़े में हैं ठिठुरते रहते,
कड़ी धूप को सहते रहते,
फिर भी यदि कुछ नहीं मांगते,
कभी कुछ हम से!

तो क्या अपना फर्ज नहीं है?
उनका कुछ दुख दर्द नहीं है?
हम सबका भी कर्ज कहीं है,
इन्सां बन के.

अपने कर्ज को तुम भी उतारो,
जीवन को उनके भी संवारो,
उनको उन कष्टों से उबारो,
जो जीवन के.

किसी को अनाथ प्रभु ना बनाए,
जीवन भर ना मैल ढुलाए,
थोड़ा सा बस प्यार दिलाए,
ईश्वर बन के.

12. होली आई रे... (हाईकू)

शीघ्र ले आओ,
टेसू रंग गुलाल.
होली आई रे...

सबको ढूंढो,
रंगों में भीगे आज.
भाभी ताई रे...

रह शालीन,
ना तू कहना लौट.
लाठी खाई रे...

एकाकी मन,
भूला अपनी आज.
तनहाई रे...

रंग प्रेम का,
मिटा दे सारे द्वेष.
मेरे भाई रे...

13. खुशियां बोली (हाईकू)

मौसम ख़ास,
रंगो की बरसात,
करे ठिठोली.

जीवन व्यस्त,
इस भाग दौड़ में,
खुशियां बोली.

बेरंग वक़्त,
में रंगों की गठरी,
सबने खोली.

गोरी के रूप,
पर की नई सज़्ज़ा,
बनी रंगोली.

गुब्बारा रंग,
गुझिया और भंग,
हैं हमजोली.

प्रिय अप्रिय,
मित्रों ने आज खोली,
मन की झोली.

14. अपनी कुर्सी में जड़ोगे, तुम हमारी लाश को

दुष्ट ने फिर मूल्यवृद्धि,
का किया प्रहार है.
कष्ट पीड़ित नर नगर में,
करता हाहाकार है.
कौन सा दानव है ये जो,
दर्द को नहिं जानता.
कहता लाचारी है इसकी,
रोता ज्यों घड़ियाल है.

मत करो युं दग्ध निश-दिन,
बस कटारी खींच लो.
दिख न पाये रक्त तुम को,
आंखे इस हित मींच लो.
अब करो प्रहार जी भर,
हर्ष से हृदय भरो.
पापियों, असहाय खूं से,
अपना तन-मन सींच लो.

हमने सोचा था तुम्हें,
रक्षक बनोगे शासकों!
तोड़ा तुमने जतन से,
लेकिन हमारी आस को.

न नहीं, नहिं दोष कुछ भी,
हमको मालुम, हो विवश.
अपनी कुरसी में जड़ोगे,
तुम हमारी लाश को.

रोज बरछी कोंचते तुम,
मारते नहिं जान से.
देखकर के कष्टप्रद नर,
फूलते हो शान से.
भूल मत भगवान बैठा,
देखता तुमको भी है.
इतनी आहें न मिटेंगी
सौ जनम के दान से ...

15. क्या जल्दी थी!

आंखों ने सपने बुने नहीं कि,
निंदिया रूठ के चल दी थी।
रे वक्त बता क्या जल्दी थी?

दूर कहीं किसी चौराहे पर,
किसी ने अत्याचार किया।
किसी ने उसके धर्म को पूछा,
किसी ने उस पर वार किया।
पर मांग उजड़ गई युवती की,
अभी हाथ की गीली हल्दी थी।
रे वक्त बता क्या जल्दी थी?

अंधियारे को चीर निशाचर,
रात्रि भोज करने आया।
मदिरा के आवेश ने उसको,
सत्य मार्ग से भटकाया।
अब पास सो रहे लोगों की,
इसमें जी कहो क्या गलती थी?
रे वक्त बता क्या जल्दी थी?

भीड़ भाड़ के मध्य खड़े थे,
मुखर एक खद्दरधारी।
आगे भारी भीड़, संग में,
शोभित संगीनें प्यारी।
अब बेवक्त ही मरते लोगों की,
भला आखिर किसने सुध ली थी?
रे वक्त बता क्या जल्दी थी?

16. समझा अपना-निकला सपना

समझा अपना,
निकला सपना.
रे मूरख क्यूँ व्यर्थ बिलखना...

श्वास हमारी, संग तिहारी,
कैसे मोड़ पे, आके हारी.
सोचा था है अपनी कुटिया,
यहीं पे रहना, यहीं पनपना.
पर रक्षक ने द्वार पे रोका,
बोला यहाँ नहिं माला जपना!
समझा अपना,
निकला सपना.
रे मूरख क्यूँ व्यर्थ बिलखना...

सोचा मिल बाटेंगे पीड़ा,
साथ समय के करेंगे क्रीडा.
उनकी खातिर खूब हँसेंगे,
उनकी खातिर ही है तड़पना.
सुन्दर बगिया का माली पर,
बोला यहाँ नहिं मरना खपना!
समझा अपना,
निकला सपना.
रे मूरख क्यूँ व्यर्थ बिलखना...

17. जो जीता वही सिकंदर

चलो जो जीता वही सिकंदर,
आज के लिए बाकी बन्दर.
राजतिलक हो जननायक का,
बन कर उभरे आज धुरंधर.

आओ करें विकास की बातें,
पीछे छोड़ समर की रातें.
बिजली आये, सड़क बनाएं,
थके न थे जिसको बतियाते.
मिला बड़ा कर्तव्य, बनाओ,
श्रेष्ठ राज्य संपन्न व सुन्दर.
चलो जो जीता वही सिकंदर,
आज के लिए बाकी बन्दर...

नए लगें उद्योग है आशा,
विकास की बदलेगी परिभाषा.
श्रमिक, कृषक व वृद्ध विद्यार्थी,
कष्ट कटे औ छटे निराशा.
कल जो बीता, कल जो होगा,
उसमें लगे स्पष्ट सा अंतर.
चलो जो जीता वही सिकंदर,
आज के लिए बाकी बन्दर...

अपहरण पुनः उद्योग बने न,
चारे सा ना हो घोटाला.
उल्टे सीधों को बैठा कर,
करें पुनः ना गड़बड़झाला.
हिंसा भ्रस्टाचार मुक्त हो,
बल आये निर्बल के अंदर.
चलो जो जीता वही सिकंदर,
आज के लिए बाकी बन्दर.
राजतिलक हो जननायक का,
बन कर उभरे आज धुरंधर.

(बिहार राज्य के चुनाव परिणामों पर)

18. हिन्दी

हिन्दी की बार बार दुहाई है,
यह हमारी प्राचीनतम भाषा है,
और संस्कृत से निकलकर आई है।
हिन्दी हमारी पूंजी है, धरोहर है, राष्ट्र का सम्मान है।
और अपनी कला संस्कृति को सुरक्षित रखना हमारा ही काम है।
इसलिए आज के दिन हम हिन्दी दिवस मनायेंगे।
और सब मिलकर हिन्दी के नाम पर कोल्डड्रिंक और पैटीज खायेंगे!
दोस्तों राजभाषा को घोर अपमान हो रहा है,
क्योंकि अंग्रेजी में ही सारा काम हो रहा है।
इस बात का हम घोर विरोध करेंगे,
और ऐसा क्यों हो रहा है
इस मुद्दे पर अगले साल चौदह सितम्बर तक शोध करेंगे!
दोस्तों इतना नारा हम पिछले कई सालों से लगा रहे हैं,
और कभी कभी तो लगता है कि जैसे
हिन्दी की चिता पर रोटियां पका रहे हैं।
पर चिन्ता की कोई बात नहीं है,
नारों की बैसाखी पर चलता देश,
ईश्वर की अनुकम्पा पर आधारित है।
और हिन्दी के साथ साथ अग्रेजी भी
काम काज की भाषा बनी रहेगी,
क्योंकि संविधान में यही कानून पारित है।
क्योंकि संविधान में यही कानून पारित है ।।

19. वे लड़के

थाने के मध्य
में
बैठे हुए थे
चार प्रभावशाली घरों के
सुपुत्र!
लगा था
उन पर आरोप कि
किया है उन्होंने,
एक पन्द्रह वर्षीय
किशोरी के साथ
दुष्कर्म,
थानेदार ने
पूछताछ के
बाद उन चारों को
यह कहते हुए छोड़ दिया
कि
लड़की दुष्चरित्र थी!
चारो लड़के हंसते हुए
निकले थाने से बाहर,
शायद
ढूंढने को एक नया शिकार,
और मैं सोच रहा था
कि
लड़की तो दुष्चरित्र थी,
कर रही थी व्याभिचार,
पर वे लड़के!!

20. चले सब संगी छोड़ के

चले चलो, बढे चलो..का नारा बोल बोल कर,
चढ़ा के वृद्ध ताड़ पर,
चले सब संगी छोड़कर ।।

उसे लगा कि साथ सब,
है मौका आया ये गजब।
अभी तलक जो ना मिला,
मै सबको दूंगा वो दिला।
विचित्र चाह चाहता,
चला हठी, हठी चला।
ह्रदय में यश की चाह पर,
था नीति न वो जानता।
नीति में कुटिल निपुण,
थे व्यर्थ अब समस्त गुण।

ये छोटा गाँव था नहीं,
सगा कोई मिला नहीं।
मिला उसे, उसे मिला,
है रोग भूख से मिला।
अब अस्पताल जाल का,
है चल पड़ा ये सिलसिला।

असत्य, सत्य जीतता,
है दुष्ट सच को पीटता।

बताये तो कोई जरा,
थी वृद्ध की कहाँ खता?

चले चलो, बढे चलो..का नारा बोल बोल कर,
चढ़ा के वृद्ध ताड़ पर,
चले सब संगी छोड़कर ।।

(भ्रष्टाचार के विरूद्ध अन्ना के आंदोलन पर)

21. चुप रहने में ही भलाई है

वो कहें कुछ भी करें, तो व्यक्त अभिव्यक्ति हुई,
हम कहें जो सच, सशक्त अंकुश लगाना चाहिए.

मूढ़मति को मूढ़ कहना, है बड़ी ये धृष्टता,
क्या कहें उनको ये उनसे, पूछ आना चाहिए.

देखने को मूल्य-वृद्धि, अर्थ के मर्मज्ञ हैं,
तब तलक तो अपना मुंह, ताला सजाना चाहिए.

अब विदेशी ही करेंगे, पेट का भी फैसला,
जीना हो तो आपको मल, अपना खाना चाहिए.

जनता की लूटी कमाई, रक्षकों ने शान से,
नादिरशाही भी हुई, लज्जित लजाना चाहिए.

वे तेरी अस्मत से पर्दा, खींचने को व्यग्र हैं,
कौरवों को मन मुताबिक, इक बहाना चाहिए.

रक्त है सस्ती हुई, जब जिंदगी के मोल से,
मौन रहना राष्ट्रभक्ति, है निभाना चाहिए.

22. वर्तमान

आज के वातावरण को क्या कहूं?
कुछ कहूं या बस युं ही, अनजान बन बैठा रहूं?
आज के वातावरण को क्या कहूं?

देखा सबको, औ देख रहे.
वो चिता पे रोटी, सेक रहे.
मीट सीट पर रख खाते,
हड्डी खोटी वो फेंक रहे.
तो क्या मैं भी अपने मांस को खाता रहूं?
आज के वातावरण को क्या कहूं?

भ्रामक नारों, प्रचारों से.
मारो या हारों प्यारों से.
नाकाबिल नायक बन बैठे,
नैया खेते अंगारों से.
तो क्या आग के दरिया में मैं बहता रहूं?
आज के वातावरण को क्या कहूं?

सब हैं उदास, होठों पे प्यास,
थोड़ी सी आस है पानी की.
लेकिन है आग, बैठा है नाग,
जल्दी से भाग अनजानी सी.
तो क्या बुझाने को प्यास, मैं आग को पीता रहूं?
आज के वातावरण को क्या कहूं?

सूना गगन, भरा नयन,
उजड़ा चमन रोता रहे.
कहते अमन, करते दमन,
उपवन पवन खोता रहे.
तो क्या अमन के साथ मैं सोता रहूं?
आज के वातावरण को क्या कहूं?
कुछ कहूं या बस युं ही अनजान बन बैठा रहूं?

23. कुछ रोगी तन के

कुछ रोगी तन के,
कुछ रोगी मन के,
कुछ जाएँ साथ,
कुछ बिना कफन के.

कुछ की है हसरत, कुछ की है कसरत.
कुछ को है लगता, वो हैं आला हजरत.
ऐसा वो जताए बातें,
जाने सबके मन के.
कुछ रोगी तन के,
कुछ.....

कुछ को है आशा, कुछ को तमाशा.
कुछ आडम्बर, बोलें बड़ी भाषा.
ठग रहे सबको,
बिन अड़चन के.
कुछ रोगी तन के,
कुछ....

कुछ मन के काले, कुछ को फुसला लें.
कुछ ने दिए फिर, दिल पर छाले.
लूट रहे छल से,
बोल भजन के.
कुछ रोगी तन के,
कुछ....

कुछ उन्मादी, कुछ अपराधी.
कुछ थे निठल्ले, बने सन्यासी.
दावे बढ़ चढ़ के,
हरि दर्शन के.
कुछ रोगी तन के, कुछ रोगी मन के
कुछ जाएँ साथ,
कुछ बिना कफ़न के.

24. अन्धकार

अन्धकार के
बाहुपाश से
निकलने को
छटपटाती
और अकुलाती
पीड़ा को,
समझने और
सुनने के लिए
कान नहीं
मजबूत दिल चाहिए।
वही दिल जो
कमजोर होने पर
व्यक्ति को
अज्ञानता के
अंधकार की
ओर धकेलता है,
और ज्ञानरूपी सूर्य की
रोशनी होने पर
भी उसके
अनादर और
उपेक्षा
से बाज नहीं आता ।।

25. अपना शस्त्रागार टटोलो

गीदड़ क्यों बन बैठे,
भारत माता के प्यारे तुम शेरों?
अरि के सम्मुख शीश नवाते,
लज्जा क्या आई थी बोलो!
उनके चुभते शस्त्रों से स्तब्ध न हो,
बल अपना तौलो.
तेरे पास है शक्ति असीमित,
अपना शस्त्रागार टटोलो.

करो याद कब कब तुमने,
शत्रु का शीश झुकाया है.
करो याद हम सबके लिए,
कैसे अमृत भी जुटाया है.
करो याद कैसे जन जननी,
ने तुमको सम्मान दिया.
करो याद उस ध्वज को जिसके,
सम्मुख है अभिमान किया.

और नहीं बस शिथिल पड़ो,
कह दो विजयी बन आयेंगे.
जग जीता था, जग जीतेंगे,
नहीं पराजय पायेंगे.
कसम हमें है मातृभूमि की,

दर्प शत्रु का चूर्ण करेंगे,
देशवासियों धैर्य धरो,
हम स्वप्न सभी के पूर्ण करेंगे.

(क्रिकेट के एक मैच में भारत की हार पर)

26. सीख

उस दिन मैंने
उसको देखा।
भीख मांगते, चौराहे पर,
बाबू जी कुछ दे दो
कहकर
फैले हाथ,
अनजाने लोगों के
सम्मुख गिड़गिड़ाता हुआ
उसका चेहरा,
उसको रोते,
उसको अकुलाते,
यह कहते कि भूखा हूं।
बीमार भी हूं।
फिर मेरे मन ने मुझको,
भीतर से धिक्कारा,
तो
जेब के भीतर बढ़ाकर
अपना हाथ,
एक रूपये का सिक्का
उस बच्चे के
हाथों पर रखकर,
मैं आगे जाने को ही था कि

देखा,
वह बच्चा थोड़ी दूर पर
बैठी अपनी मां के पास
दौड़ कर पहुंचा।
उसने वह सिक्का,
अपनी मां के हाथ पर टिका दिया,
मैं करीब गया तो सुना कि -
उसकी मां
उसकी पीठ ठोक कर
समझा रही थी,
कि बस
बिल्कुल ऐसे ही,
स्वांग रचाया जाता है।
वह बुड्ढा कुछ जरूर देगा,
जा उससे मांग ।।

27. चाहता हूं

मैं हवा के संग बहना चाहता हूं,
मैं फिजा के रंग में ढ़लना चाहता हूं,
परिन्दों संग दरख्तों पर बनाकर आशियाना,
मैं उन्हीं के साथ रहना चाहता हूं.
कुछ हवाएं वश में हों, ख्वाहिश है ये.
बस खुदा से जोर आजमाइश है ये.

चाहता हूं संग तैरूं मछलियों के,
चाहता हूं रंग भरूं मैं तितलियों के,
मैं बढ़ा के हाथ पल में छू लूं चंदा,
चाहता हूं संग खेलूं बदलियों के.
कुछ नजारे वश में हों, ख्वाहिश है ये,
बस खुदा से जोर आजमाइश है ये.

स्वर मधुर कर्णों में रस बस घोलते हों,
हर दिशा में मृदु वचन सब बोलते हों,
निर्बाध भ्रमण कर सकूं, निर्भय धरा पर,
सम सभी को प्रभु यहां पर तौलते हों.
कुछ प्रहर तो वश में हों, ख्वाहिश है ये,
बस खुदा से जोर आजमाइश है ये.

28. ये बाबा फिर पिटेगा

वो रात अंधेरे उठ जाते,
कहते कि चल कुछ कर आते,
अंजाम नहीं सुनता दिखता,
कुछ भी कहते न हकलाते।
इस सत्ता की मरघट चादर पर,
निश दिन नव आसन दिखेगा।
ये बाबा फिर पिटेगा ।।

कुछ स्वारथ है भारी उसका,
बहुजन हित साध रहा सबका,
सबको खुद से है जोड़ लिया,
क्या खूब तेज पाया तप का।
कैसा हठयोगी पर कहता,
भू, अम्बर से भय मिटेगा।
ये बाबा फिर पिटेगा ।।

काले धन का साम्राज्य बड़ा,
जड़ उसकी खोद रहा है खड़ा,
न होगा समझौता अब तो,
अपनी ही बातों पर फिर अड़ा।
कैसा साधू कहता है बैठ,
इतिहास को फिर से लिखेगा।
ये बाबा फिर पिटेगा ।।

मत रहना तुम निष्पक्ष मित्र,
मत उदासीन रहना तुम प्रिय,
इस बार खड़े हो जाना तुम,
अपने-अपने भारत के लिए।
वरना तेरे मन-भावों को,
कब तक ये योगी रटेगा।
ये बाबा फिर पिटेगा ।।

(काले धन पर बाबा के आन्दोलन पर)

29. सबके जुदा हैं राम

सच्चाई मुंह पे मारो, तो सबको है दुश्वारी,
सबका मिजाज अपना, सबके जुदा हैं राम.

चारो तरफ हैं किस्से, बदकारी के बस यारों,
बस सांप और संपोले, दिखते हैं सुबहो-शाम.

हमको नहीं है गफलत, ईमान पे अब उनकी,
वो लाख दें सफाई, या धर्म का लें नाम.

जिनको बनाना है सदर, उनका नहीं ये ख्वाब,
जो ख्वाब बेचते पर, उन्हें ख्वाब है हराम.

उनका शफाखाना खुला, परदेस में है यारों,
तकदीर जिनके जिल्लत, उनका लगाया दाम.

हाकिम की जहानियत पे, मैं मर मिटा हूं यारों,
कुछ कहते भी नहीं पर, किस्से कई तमाम.

मजलिस लगा के बैठूं, ऐसा नहीं है शौक,
हां होंगे वो निठल्ले, हमको बड़े हैं काम.

जिनके ख्याल मिलते हैं, उनको मेरा सलाम,
है बेइत्तेफाकी जिनको, उनको भी राम राम.

30. जीवन तम

आतंकी इस भूमंडल पर मचा रहे कोहराम,
श्वेत वसन में लिपटे नाग भी नष्ट करें आराम.
सुख सपनों का लक्ष्य हुआ आंखों से ओझल,
चिर निंद्रा में सिसक रही है तृष्णा पल पल.
भ्रष्टाचार ने श्रीहीन कर दिया है श्रम को,
मन चिन्तित है दूर करें हम कैसे जीवन तम को?

पल पल वक्त बदलते देख के, मन है शंकित.
न जाने अब काल चक्र में क्या है अंकित?
अनायास ही मन के भाव बदलते रहते,
प्राणी का क्या निरूपाय हम चलते रहते.
प्रभु कृपा कर दूर करो अब मन के भ्रम को,
शक्ति हमें दो दूर करें हम जीवन तम को.

विषम दशा में भी न कभी, भटकें हम पथ से.
रणस्थल के मध्य रथी क्यूं, उतरे रथ से.
सम्मोहित कर सके, शत्रु में न हो साहस.
कर्तव्य हेतु टकरा जाएं, सम्पूर्ण जगत से.
बाधाएं हमको विचलित कर सकें न पल को.
शक्ति हमें दो दूर करे हम जीवन तम को.

31. खामोश हैं कराहें

मेरी जिंदगी में दस्तक, देने की क्या जरूरत?
कब से तो मैं खड़ा हूं, देखों पसारे बाहें.

इंसान की सब सासें, अब जब्त हो चुकी हैं,
सरकार को लगेगी, हर आदमी की आहें.

उनकी अदा तो अब कुछ, करती असर न ज्यादा,
जब पेट पर पड़ी हो, हैं रूठती निगाहें.

मत ख्वाहिशों को पालो, ना लालची तुम होना,
दिल वरना न मिलेंगे, कोई चाहे जितना चाहे.

शब्दों से वफा करना, ये शब्द कीमती है,
दो पल में जुदा होती, हैं हमसफर की राहें.

है नष्ट होना सब कुछ, फिर किसकी क्या अमीरी,
जब वक्त आता उल्टा, सब मांगते पनाहें.

32. निरपराध

उस दिन मैंने उसको देखा,
मौत मांगते!
उसकी सूनी आंखों से,
ये कहते कि
कई दशक से जड़वत
होकर टूट चुकी हूँ
सहते सहते.
छोड़ चुके हैं वो भी जो
कहते थे हैं साथी संगी,
अश्रु नैन को छोड़
जा चुके कब तक रहते
वो भी बंदी.
अब तो मृत्यु-मुक्ति ही
दे दो दंडाधिकारी
न्यायाधीशों.
दंड ईश के कर्म का
दे दो
जिसने नारी रूप दिया था!
दंड समाज के लिए
मुझे दो
जिसने मुझे विरूप किया था!
दे दो मुझको

मृत्यु तुल्य इस सर्व प्रदत्त
कष्टों से मुक्ति.
वृद्ध जीर्ण असहाय शरीर
में नहीं रह गई कोई
शक्ति.
पर नियमों से बद्ध,
न्याय ने,
दर्शाई न कोई करूणा.
क्षमा हमें मत करना,
तेरे अपराधी
हम सब हैं अरूणा...

(अनाचार से पीड़ित व मृत्यु याचना करती अरूणा की हालत पर, बाद में उनकी मृत्यु हो गई)

33. हड्डियाँ

हड्डियों से आकार है,
जीवन हैं..., जीने का प्रकार है.
थोड़े से सच.....थोड़े से झूठ
पर हड्डियाँ हैं, तो मन एक विचार हैं.

हड्डियों से रूखापन भी है,
खोखलापन भी...
अत्याचार, अनाचार और व्याभिचार भी है.
परन्तु, फिर भी हड्डियाँ महत्वपूर्ण हैं.
क्योंकि, मांस का लोथड़ा तो फिर जल जाता है.
रह जाती हैं तो सिर्फ हड्डियां...
जिनके सहारे व्यक्ति मोक्ष का मार्ग,
तलाशने की चेष्टा करता है.

इसलिए हड्डियाँ तप हैं, साधना है,
ईश्वर से मिलने का योग है.
और कदाचित संयोग है.

34. नव वर्ष

जनवरी माह में एक दिन सुबह-सुबह,
घर के प्रांगण में बैठा मैं सोचता हूँ
कि एक बरस और बीत गया,
हर्षित हो नव वर्ष के स्वागत में पलकें बिछाऊं?
या फिर कुछ पलों के लिए ही सही,
पर गमगीन हो जाऊं!
क्योंकि प्रकृति ने अनचाहे, अनजाने ही,
हमें एक वर्ष और बूढ़ा कर दिया है.
फिर उम्र कम बचने का भी भला कभी हर्ष होता है?
और फिर नए वर्ष की आमद से ही क्या होगा,
कल भी आतंकी हत्यायें कर, आनन्दित हौंते रहेंगे.
और फांसी की सजा पाकर भी सानन्द सोते रहेंगे.
भ्रष्टाचार की विषबेल थोड़ी और लम्बी हो जाएगी.
सत्ता संघर्ष और मोल-तोल में लोकतंत्र फिर से सो जाएगी.
फिर किसी पीड़ित को वर्षों बाद भी इंसाफ नहीं मिलेगा!
और फिर कोई नटवर लाल हमारी पूंजी हमी से ठगेगा!
इस साल भी देश के कोनों में विस्फोट जारी रहेंगे.
गरीबी बेबसों पर फिर अपने आतंक का तांडव मचाएगी.
और फिर बाढ़ और सूखे ने कब किसी पर दया की है,
इसलिए फिर दूर किसी कोने से खबर आयेगी कि,
अमुक ने अधिक कर्ज होने की वजह से आत्महत्या कर ली है.
हम संवेदनशून्य हो इसे उस रोजाना खबर की तरह पढ़ेंगे,

जोकि दिन पूरा होने से पहले ही बासी हो जाती है.

इस साल भी सीमाओं पर अनगिनत सिपाही अपना रक्त बहायेंगे.

और उनके परिजन प्रतिफलस्वरूप पेट्रोल पंप पायेंगे.

फिर आतंकियों के साथ समझौते होंगे,

और उनसे लड़कर मरने वालों के बलिदान व्यर्थ होंगे!

फिर देश के तथाकथित सपूत अपने आचरण से उसे शर्मसार करेंगे,

और फिर देश के कुछ गुर्गे उसे ही बेचने का व्यापार करेंगे.

परन्तु फिर मेरे सोचने की दिशा अनायास ही बदली,

अचानक ही मेरे जेहन में पुनः ख्याल आता है.

कि क्या सब कुछ नकारात्मक ही है?

क्या पिछले साल नष्ट हुई फसल पुनः नहीं उग सकती?

क्या देश में बदलाव की बयार फिर से नहीं बह सकती?

क्या आतंकी के शरीर में बहने वाला रक्त फिर से लाल नहीं हो सकता?

और फिर भला क्यूं सामाजिक सौहार्द देश में पुनः बहाल नहीं हो सकता?

क्यूं नहीं! मेरे हृदय के भीतर से स्वतः ही जवाब आया.

मैं अचानक से ही उठ खड़ा होता हूं.

उम्मीदों और आशाओं के उड़नखटोले पर बैठ जाता हूं.

मुझे लगता है कि मैं बूढ़ा नहीं अनुभवी हो गया हूं.

परन्तु हां देश के कर्ज के कारण थोड़ा ऋणी हो गया हूं.

मुझे अपने कंधों में मजबूती का एहसास होने लगता है.

मैं इस ऋण से उऋण होने को छटपटाने लगता हूं.

और फिर उन्मादित हो, नव वर्ष का जश्न मनाने लगता हूं.

36. ब्रिंग मी गन

सब कोई मुझको खाना चाहें,
Life has become a bun.
So many working pressure is,
I want to have a run.
लोग मुझे हैं समझाते बट,
समझ समझ के हो गया तंग.
Many things are to be done,
Bring me soon two three gun.

बैठे बैठे निकला पेट,
लाइफ में लग गई जंग.
सोने जाऊं फुरसत से तो,
करें पड़ोसी मिल के तंग.
जीवन में कुछ भी नहीं,
फीके पड़ते जाते रंग.
So, many things are to be done,
Bring me soon two three gun.

जब भी कभी मैं बाहर जाऊं,
वाइफ भी चल देती संग.
बात करे तो ऐसे जैसे,
इंडिया चाइना की हो जंग.
कितनी बार है समझाया,
That now you are no more young.
Many things are to be done,
Bring me soon two three gun.

37. व्यथित नहीं हूँ!

कुछ भी कह लो पाषाण हृदय, पशु या अज्ञानी.
या मानवता के नाम पे कोसो, पी कर पानी.
सत्य हृदय की बात, नहीं बिल्कुल विचलित हूं,
अरि की पीड़ा पर रूदन करूं क्यूं, नहीं व्यथित हूं.

आतंक धर्म सम्बद्ध नहीं, जब हम कहते थे.
तब आजादी के नाम पे,
हिंसक माला तुम जपते थे.
तो उपजाए उदर से जिनको, जाकर हिंसा फैलाएं.
जननी को जलाने आज, उसी ने शस्त्र उठाए!
फिर क्यूं कहते हो आज कि मैं खुद भी शोषित हूं!
अरि की पीड़ा पर रूदन करूं क्यूं, नहीं व्यथित हूं.

कैसे भूलें अपनी पीड़ा, जो दिया है तुमने.
मंदिर, मस्जिद ही नहीं
हमले संसद पर भी झेले हमने.
लाल किले पर दूषित दृष्टि गई गड़ाई,
निर्दोषों ने अगणित शहरों में जान गंवाई.
तो आज स्वयं पर पड़ी, तो कहते कि विस्मित हूं!
अरि की पीड़ा पर रूदन करूं क्यूं, नहीं व्यथित हूं.

कायरता का नग्न नृत्य, प्रहार घृणित था.
भूमि हमारी पर चढ़ आए,
छाया छल विश्वास जनित था.

सम्मुख समर में शीष झुका, पर करी ढिठाई.
सैनिकों के मस्तक जब काटे, लाज न आई!
आज हो कहते कि आतंक से मैं पीडित हूं!
अरि की पीड़ा पर रूदन करूं क्यूं, नहीं व्यथित हूं.

अभी समय है, चलो मेल करके लडते हैं.
आतंकी हैं शत्रु सभी के,
दोनों ही भिड़ते हैं.
जब मेरा दुख समझोगे तुम, तो तेरी पीड़ा मेरी होगी.
जो भी आंख दिखाएगा फिर, उसके विरूद्ध रणभेरी होगी.
हां असत्य यह तथ्य नहीं कि मैं विचलित हूं,
शत्रु हो पर मानवता के कारण बहुत व्यथित हूं.

(पेशावर, पाकिस्तान में स्कूल पर आतंकी हमले के पश्चात)

38. मुरारी लाल

हमरे साथ मे थे रहे, एक मुरारी लाल,
शादी वा की भय नहीं, बीते चालिस साल।
बीते चालिस साल, बची नहिं जब कोई भी आस,
लेकर माला कंठ दुशाला, पहुंच गए कैलाश ।।

एक टांग पर करी तपस्या, कंद मूल फल खाय,
मांगे शिव से उर्वशी, हे नीलकंठ चिल्लाय।
हे नीलकंठ चिल्लाय, हो गई दुर्बल काया,
तभी हुए प्रकट प्रभु, जय हे शिव की माया ।।

होकर प्रसन्न शंकर जी बोले, पुत्र उठो "वर" मांगो।
"वधू" चाहिए "वर" नहीं, कह लाल मुरारी भागे!
तब से ही भय ग्रस्त हो, पीले नहिं किए हाथ,
गलती से भी शिव कहीं, "वर" ना कर दें साथ।।

39. हत्या का प्रतिशोध

कौतुक कृत्य कठोर क्रूर कर, करना कमतर क्रोध।
शिथिल हो रही श्वास भी देती, यदा कदा आमोद।।

अध्याय अतीत, अनीति अधर्म,
पशु पाप-प्रबल, प्रमाद-परम,
ध्वज-ध्वंस धृष्ट का ध्येय-धर्म,
तो नृशंस निर्लज्ज को न नीति नरम।
व्यर्थ वधिक को विलाप, वस्तुतः वर्जित हो वमन विरोध।
शिथिल हो रही श्वास भी देती, यदा कदा आमोद।।

विकृत, विक्षिप्त, वीभत्स, विनाश,
पल पल पोषित, पशुवत सी प्यास,
है नियम, नराधम नष्ट नाश,
तो अधम, अकारण अभय आस।
विस्मय विस्मृत मति भई, उद्दंड भय भूला बंधन बोध।
शिथिल हो रही श्वास भी देती यदा कदा आमोद।।

हत्यारा हत, हृदय हर्षित,
घनघोर घृणा पर घात घृणित,
श्वास सचल सहसा सीमित,
मानवता मर्माहत मृत-मृत।
प्रतिहत्या प्रतिकार उचित या हत्या का प्रतिशोध।
शिथिल हो रही श्वास भी देती यदा कदा आमोद।।

(एक आतंकी को फांसी के पश्चात)

40. जंगल में दंगल

मौसम है चुनावी, वादे सबके शेखचिल्ली के,
कुछ बरसाती मेंढ़क भी आए दिल्ली के.
डींग हांककर बोले कि बरसात आ गई,
घी के दिए जलाओ, लक्ष्मी साथ आ गई.

फिर खूब बहाए नीर नैन से, घड़ियालों ने,
शेर, सियार, भेड़िए घूमे, गौ खालों में.
थोथे चने ने अपनी ढ़पली, खूब बजाई.
अपने अपनों को जमके, रेवड़ी बंटवाई.

सब्जबाग वो दिखा के बोले, बसन्त आ गया.
पौ बारह हो गए, कष्टों का अन्त आ गया.
मित्रों, अब पानी से, घी के दिए जलेंगे,
ईश्वर नहीं, धन छप्पर फाड़ के, हम दे देंगे.

हमने भी रंगे सियार को, राजा समझा.
बिठा दिया था गद्दी पर, ना जांचा परखा.
पर गिरगिट ने शीघ्र ही अपना रंग दिखाया,
कांटा बोकर, आंख दिखाना, उसको भाया.

मतलब निकला, श्रीमान थे नौ दो ग्यारह.
जनता पर जूता पड़ा, बज गए सबके बारह.
पानी में गई भैंस, और डूबी लुटिया टूटी,
ठगे रह गए लोग, थी उनकी किस्मत फूटी.

हाथी से जब कहा कि असली दांत दिखाओ,
खींस निपोरी, बोला, आओ पास में आओ.
पर उल्लू सीधा देख, मचाए चोर ने शोर,
पूछा कहां थे, जब जंगल में नाचा मोर.

बंदर हो, अदरक का स्वाद न जानोगे,
खट्टे हैं अंगूर, सत्य ना पहचानोगे.
अच्छा बोलो, क्यूं बन जाते बिन पेंदी लोटा.
और क्या काफी है नहीं, ये तन का एक लंगोटा?

गुड़ गोबर जब हुआ, हाथ तब मले सभी ने.
चकमा देकर, अक्ल पे पत्थर मारे उसने.
अपने पैर पे हमने ही थी कुल्हाड़ी मारी,
चिड़िया चुग गई खेत, फिर खोदी कब्र हमारी.

तो बिन मौसम बरसात देख, जी मत ललचाना.
अक्ल बड़ी, न भैंस के आगे बीन बजाना.
मौसम का क्या आते जाते ही रहते हैं,
वोट डालने, अक्ल को अपने संग ले जाना.

41. मेरे शव पर रोना मत

चलो चला जाता मैं पथिक,
मेरा क्या अपना.
भूलभुलैया सा ये जीवन,
उबड़खाबड़ सपना.
दुःख कैसा ये था ही निश्चित,
तुम भी गाल भिगोना मत.
मेरे शव पर रोना मत.

हां हो सकता है कि तुमको,
मेरी थोड़ी सुध आए.
मेरी यादें, यदा कदा,
आकर तेरा मन भ्रमाएं.
इन बातों का क्या पर पगली,
इन सपनों संग सोना मत.
मेरे शव पर रोना मत.

जीवन अनसुलझा इक अचरज,
मृत्यु है निश्चित आगंतुक.
आना ही था जिसको उसके,
आने पर कैसा कौतुक.
रिश्तों का यह बोझ प्रबल,
अब अपने सर पर ढ़ोना मत.
मेरे शव पर रोना मत.

आवागमन तो क्रम जीवन का,
कहते है सब ज्ञानी जन.
सत्य-असत्य अबूझ पहेली,
अर्थ-अपेक्षा पागलपन.
तो पुनः मिलेंगे ऐसी कोई,
मन में आस संजोना मत.
मेरे शव पर रोना मत.

चंद दिनों का मोह प्रिए ये,
रिश्ते सामाजिक नाते हैं.
नहीं रहा अस्तित्व ही जब तो,
यादें बस बिसरी बातें हैं.
आगे कदम बढ़ाओ जीवन,
पथ में भ्रमित होना मत.
मेरे शव पर रोना मत.

42. क्षणिकाएं

दंत नख विहीन सिंह, भ्रमत वन धाय धाय,
क्षुधा हित नहिं देत, कछु भी सुझाई है ।।
गर्वीली गति, हाय बेबस दुर्गति,
रूप कैसो बिलोकि, और कैसो सुझाई है।।
वीरन में वीर धीर, नैनन में मात्र नीर,
भोजन में तृण लेय, जान की दुहाई है ।।
कोऊ होय कैसन भी, नर सेना जैसन भी,
सिंह विडाल सम, शस्त्र बिन कहाई है ।।

मोती मोती मिलकर मौलिक,
मनका इक बन जाती है।
फिर हर्षभाव को लिए कहीं,
हर हृदय में बस जाती है।
पर मोती का है भाग्य कहीं,
उस मनका में ही खो जाना।
मूल्य भी है अस्तित्व भी तो फिर,
मोती बन तुम रह जाना ।।

ईश्वर के साथ, ईश्वर की आस

43. अलख जगाओ

सुरपुर सम सम्पन्न धरा हो,
ऐसा कुछ कर जाओ।
हो जो सके तो प्रभु धरा पर,
आ फिर अलख जगाओ।।

हिंसा का उन्माद बढ़ा है,
चहुं ओर आतंकी शोर।
तेरे ही सब नाम को लेकर,
युद्ध करें भीषण घनघोर।
युद्ध में बस मानवता रोती,
निर्दोषों का वध होता।
काल क्रूर आक्रामक दिखता,
शान्ति विवश हो बस सोता।
धर्म की खातिर शान्ति की खातिर,
ज्ञान नया दे जाओ।
हो जो सके तो प्रभु धरा पर आ फिर अलख जगाओ।।

रिश्तों की बुनियाद हिल रही,
शत्रु हुए घर के अपने।
प्रेम धरा से लुप्त हो रही,
व्यर्थ हुए सुख के सपने।
सपनों से बस कष्ट ही मिलता,
स्वप्न व्यथित जब करता है।

गैरों की तो बात ही नहीं,
अपनों से मन तपता है।
भटक रहे लोगों को आकर,
मार्ग नया दिखलाओ।
हो जो सके तो प्रभु धरा पर आ फिर अलख जगाओ।।

पूंजीपति से न पूंजी संभले,
रहते भूखे बाल बेहाल।
मौसम के हर इक चक्कर में,
होता मृत्यु नृत्य विकराल।
मृत्यु के सम्मुख विवश सभी,
पर जीवन सुगम की आशा है।
कंकर कंकर शंकर है फिर,
क्यूं दावानल आता है।
तुम भी विवश हो सरकारों सम,
तो मुक्ति दे जाओ।
हो जो सके तो प्रभु धरा पर आ फिर अलख जगाओ ।।

सुरपुर सम सम्पन्न धरा हो,
ऐसा कुछ कर जाओ।
हो जो सके तो प्रभु धरा पर,
आ फिर अलख जगाओ ।।

44. क्रंदन

खुद के प्रतीकों का रक्षण,
भक्तों के प्राणों का भक्षण,
मरघट ही तुमको प्रिय,
शमशान तुम्हारा है आकर्षण.
खूब करो श्रंगार भस्म का,
खूब करो तांडव का नर्तन,
तुम तो प्रभु हो सदा तुम्हारा,
होगा ही निश दिन अभिनंदन.
पर जिनके हिय टूट गए हैं,
जिनके अपने छूट गए हैं,
सदा आपको कष्ट ही देगा,
प्रभु उनके हृदय का क्रंदन.

(केदारनाथ, उत्तराखंड में आई जलीय प्राकृतिक आपदा पर)

45. मैं निराकार

मैं निर्विकार, पर निराकार!
प्रभु मैं तो नहीं पर कहीं कहीं,
उसी का प्रकार।
मैं निर्विकार पर निराकार!

मेरे हाथों से सज्जित हो,
इस जग ने है आकार लिया।
कच्ची मिट्टी थी पड़ी हुई,
इसे मैंने ही साकार किया।
दुख होता मेरी शक्ति को,
जब झूठ समझ होते हैं वार।
जब मिलना चहिए मान हमें,
पग पग मिलते हैं तिरस्कार।
मैं निर्विकार......

नदियाँ सागर मैंने बांधा,
पर्वत कठोर मैंने काटा।
मैंने ही सड़क बनाए हैं,
मैंने ही ताज सजाए हैं।
जब दुनिया ये ताज देखती है,
इक टीस सी दिल में उठती है।
मेरे हाथों पर हो विचार,
मुझसे भी तो हो थोड़ा प्यार।
मैं निर्विकार...

नभ से भी ऊंचे दिखते जो,
वो भवन हमीं ने बनाये हैं।
जो उनमें रहते पूछो उनसे,
क्या जान कभी हमें पाये हैं।
अब द्वार ठिठौली करता है,
वो भवन हमीं पर हंसता है,
मेरी मेहनत और मेरा खून,
बन गया है जिसका इक अधार।
मैं निर्विकार...

मैं मेहनतकश मजदूर,
धरा पर मैं ही शासन करता हूं।
मैं ही सरकार बनाता हूं,
मैं ही जीवन सुख भरता हूं।
उम्मीद यही मेरे सपनों की,
इक दिन बदलेगी बयार।
हालत अब मेरी जैसी भी,
इक दिन तो होगा ही सुधार।
मैं निर्विकार, पर निराकार।।
प्रभु मैं तो नहीं, पर कहीं कहीं,
उसी का प्रकार..... पर निराकार...

(आकाशवाणी आगरा से मजदूर दिवस पर प्रसारित)

46. ईश्वर ही सर्वोच्च

क्या शरीर ही है समग्र या सब कुछ नश्वर है?
क्या जीवन के पार ब्रह्म या क्षणिक मात्र ज्वर है?
तो मन पर संयम रखकर, ईश्वर का कर ध्यान।
वह ही है सर्वोच्च जगत में वही करे कल्याण ।।

भौतिक सुख सुविधाएं तो बस एक छलावा है,
मन इनमें ठहरा तो फिर हर पल भटकावा है।
प्रभु अनन्त इस सृष्टि में सुन, तृण सम तेरा मान।
वह ही है सर्वोच्च जगत में वही करे कल्याण ।।

हैं असंख्य प्राणी इस जग में आते जाते रहते,
सबकी सांसे सीमित हैं, सब काल गाल में समाते।
तो ईश्वर ही जन्मों के बंधन काट सके तू मान,
वह ही है सर्वोच्च जगत में वही करे कल्याण ।।

हैं अनेक मानव जो खुद को ईश्वर सम बतलाते,
पता नहीं फिर क्यूं वे स्वयं भी, मृत्यु मार्ग को जाते?
फिर विस्मय क्षुद्र मानवों को हम मानें देव समान!
ईश्वर ही है सर्वोच्च जगत में वही करे कल्याण ।।

तो मन पर संयम रखकर ईश्वर का कर ध्यान,
वह ही है सर्वोच्च जगत में वही करे कल्याण ।।

47. नया सवेरा

भरी है मुट्ठी सौगातें, न जाने क्या लाया है।
इक नया सवेरा देखो मन को हर्षाने आया है।।

नीले नीले अम्बर के,
नीचे धरती पवन तले,
मध्य में बादल, प्रेम का सागर,
लहराने आया है।
इक नया सवेरा देखो मन को हर्षाने आया है ।।

पुष्प पुष्प के भावों में,
हर मंजिल की राहों में,
प्रेम की क्रीड़ा, मन की पीड़ा,
हर जाने आया है।
इक नया सवेरा देखो मन को हर्षाने आया है।।

आतुरता की बाहों से,
प्रियतम की निगाहों से,
मादक सी मुस्कान, हृदय का प्राण,
कहीं ले जाने आया है।
इक नया सवेरा देखो मन को हर्षाने आया है।।

भूखे और गरीबों में,
पीड़ित और मरीजों में,
जीने का विश्वास, नई इक आस,
कहीं भर जाने आया है।
इक नया सवेरा देखो मन को हर्षाने आया है।।

48. मैं भी सुनने जाऊंगा

मंहगी होटल कारें भायें, साथ में चलती दो कन्यायें।
निज स्तुति साहित्य स्रोत से, विपणन कर धन खूब कमायें।
तो सिर्फ एक लघु सत्य कहूंगा, बिल्कुल नहीं छुपाऊंगा,
गुरू यदि भौतिकता त्यागे, मैं भी सुनने जाऊंगा ।।

हाथ बांध कर पीछे चलते, ऐसे कैसे अनुयायी?
साथ बैठकर भोजन करते, तुमने क्या देखा भाई?
तो पैरों से जो पुष्प दब चुके, माथे से न लगाऊंगा।
गुरू यदि भौतिकता त्यागे, मैं भी सुनने जाऊंगा ।।

नश्वर मानव, कब क्यों कैसे, आराध्य किसी का हो सकता?
जो मृतप्राय स्वयं वह कैसे, भाग्य किसी का हो सकता?
ईश्वर ने जो दिया बहुत है, इनसे अब क्या पाऊंगा।
गुरू यदि भौतिकता त्यागे, मैं भी सुनने जाऊंगा ।।

गलियों मे भटकते भूखे बच्चे, इनको याद नहीं आते।

धन संचय में गर्त तक उलझे, फिर गरीब तक कब जाते?
मुझको यदि अवकाश मिला, वक्त बच्चों के साथ बिताऊंगा।
गुरू यदि भौतिकता त्यागे, मैं भी सुनने जाऊंगा ।।

49. हे प्रभु

तुझे खोजा नहीं, तुझे पाया नहीं,
तूने भी पता है बताया नहीं।
तो जो मिला नहीं वो झूठा है,
कहने में मनुज सकुचाया नहीं।।
तो खुद के नहीं तो औरों के,
भावों के थोड़ा मान को,
हे प्रभु तुम आके कलयुग के,
कंसों को थोड़ा ज्ञान दो ।।

सर्वत्र तू जग में रहता है,
नहिं हर कोई ये कहता है,
पर तेरी शक्ति के बगैर,
क्या जग में तृण भी हिलता है?
तो तेरी ही शक्ति से चालित,
इन पशुओं को प्रमाण दो,
हे प्रभु तुम आके कलयुग के
कंसों को थोड़ा ज्ञान दो।।

विज्ञान कहे तू था ही नहीं!
विज्ञान कहे तू झूठा है!
मुझको लगता इनके कारण,
ही तू हम सबसे रूठा है।
तो क्षमा करो हे प्रभु इनको,
समरस समाज का दान दो।
हे प्रभु तुम आके कलयुग के
कंसों को थोड़ा ज्ञान दो ।।

50. खाली मन का प्याला

जीवन के गतिमान सफर में, कैसी मधु मधुशाला।
खाली उपवन, खाली सरिता, खाली मन का प्याला ।।

हृदय के भीतर इक हलचल, प्रभु के नाम से आती है।

मेरे तन की सारी सांसें, भ्रमित सी हो जाती हैं।
अपनी मद मदमस्त रहा मैं, फिरा सदा मतवाला।
खाली उपवन, खाली सरिता, खाली मन का प्याला ।।

कौतुक था हम कौन कहां हैं, चले कहां हम जाएंगे?
जो हम करते क्यूं करते हैं, प्रतिफल क्या हम पाएंगे?
पूछा पाया प्रश्न ने जग को, अज्ञानी कर डाला!
खाली उपवन, खाली सरिता, खाली मन का प्याला ।।

मन में ये विश्वास बड़ा था, कुछ तो नया कर जाएंगे।

खाली हाथों सब जाते, हम पुंज प्रभा बन जाएंगे ।।
मन ने मन में मन के लिए था, क्या क्या न कर डाला?
खाली उपवन, खाली सरिता, खाली मन का प्याला ।।

51. सपने सत्य नहीं होते

नन्हें नन्हें कदम धरा पर, ठुमुक ठुमुक जब चलते हैं।
कदम एक भी आगे धरने पर, हर्षित मन करते हैं।
गिरते पर फिर उठ चल पड़ने को, मन उसका मचलता है।
सपने सत्य नहीं होते, उन्हें सच में बदलना पड़ता हे।।

आंखों में विश्वास कि करके, मेहनत ज्ञान को पूर्ण करेंगे।
इस जग में कुछ करके नया, हम जीवन को सम्पूर्ण करेंगे।
पथ में हो कितनी भी परीक्षा, जीत को दिल ये धड़कता है।
सपने सत्य नहीं होते, उन्हें सच में बदलना पड़ता हे।।

जीवन में हो संग प्रिय का, किसको नहीं सुहाता है?
तन ये मन में हर इक पल में, सुलग सुलग रह जाता है।
दिव्य अलौकिक नहीं हृदय ये, स्वस्थ प्रेम पर मरता है।
सपने सत्य नहीं होते, उन्हें सच में बदलना पड़ता हे ।।

बिखरा है अनन्त प्रकाश धरा पर, चहुं ओर उजियारा है।
पर जीवन के प्रभात का देखो, अस्त निकट अब आया है।
धर्म कर्म मत भूल सफर में, साथ वही बस चलता है।
सपने सत्य नहीं होते, उन्हें सच में बदलना पड़ता हे।।

52. वही जीवन है

जो दिखता है नहीं है वो सच,
जो अदृश्य वही जीवन है.
कैसा कौतुक, सब है मिथ्या,
लगता है पर जीवन रण है.

चलते जाना, कहाँ पर लेकिन,
किसे पता पर, चलते सब हैं.
बीती बातों पर पछताना,
बीती बातें बची ही कब हैं.
नई खोज में निकल पड़े अब,
भाग दौड़ में सारे जन हैं.
जो दिखता है नहीं है वो सच,
जो अदृश्य वही जीवन है.

तिमिर समझ बैठे हम जिसको,
वही राह है एक सुहानी.
मृत्यु समझ बैठे हम जिसको,
गढ़े वो शायद नई कहानी.
सबको ये मालूम सा सच है,
अग्नि दहन को संचित तन है.
जो दिखता है, नहीं है वो सच,
जो अदृश्य वही जीवन है.
कैसा कौतुक सब है मिथ्या,
लगता है पर जीवन रण है.

53. जो खुद को कहते हैं ईश्वर

जो खुद को कहते हैं ईश्वर, उनसे मुझको डर लगता है।

धर्म आवरण ओढ़ के बैठे, ना जाने क्या क्या कर जाएं।
दुख सागर में डूबी दुनिया, सुख खातिर सबको भरमाएं।।
अंध आस की आंख पर पट्टी,
मधुरिम उनका छल लगता है।
जो खुद को कहते हैं ईश्वर, उनसे मुझको डर लगता है।।

उनके लाखों ही अनुयायी, हाथ जोड़कर खड़े हैं रहते।
ना जाने किस खोज में हैं सब, धारा एक में सभी तो बहते।।
वो शास्वत कहते हैं खुद को,
हमें बेगाना घर लगता है।
जो खुद को कहते हैं ईश्वर, उनसे मुझको डर लगता है।।

मुझसे मेरे मित्र ने कहा, दुख आएगा तब जानोगे।
धरती के इन सब प्रभुओं को, उस दिन ही तुम मानोगे।।
मैंने कहा मुझे ये जीवन,
दुख का ही तो सफर लगता है।
जो खुद को कहते हैं ईश्वर, उनसे मुझको डर लगता है।।

54. मैंने पूछा राम से

कौन राम, कब राम, कैसा राम कहां राम?
कुछ लोग पूछ रहे कैसा ये प्रलाप है?
राम नाम का ये मर्म जान लें जो सारे जन,
तो फिर धरा पर रहे क्यों विलाप है?
मैने पूछा राम से कि, दंड नहीं देते क्यूं?
ऐसे लोग बोझ हैं, धरा पे ये पाप हैं।
तो बोले राम, मरा मरा जप के भी ऋषि बना,
अनजाने ये तो मेरा करे सीधा जाप है।
सुबह शाम मेरा नाम लेवे अपने आप है ।।

धरती पे आज लोग, लेके नाम राम का,
निज स्वार्थ वश, निज साध रहे काज हैं।
राम का सा धर्म कहां, राम की सी मर्यादा,
फिर भी राम नाम पर बंटा ये समाज है।
मैंने पूछा राम से कि तुम तो कभी थे ही नहीं,
फिर तेरे कारण क्यूं मन में विषाद है?
तो बोले राम कल भी था, रहूंगा मैं तो कल भी,
आज भी मेरा नाम ले बदल रहे राज हैं।
मेरे बिना पूरे नहीं होवें कोई काज है।।

(राम सेतु मामले में राम पर विवाद होने पर)

55. विश्वास

कभी कभी मन करता है विश्वास करूं.
जाऊं तो कहीं पर ढूंढूं उसे तलाश करूं.
कहीं तो होगा, जिसने कंकर से अम्बर तक रच डाला.
जिसने मन में मंथन है दिया आभास करूं.

पूंछूं तो सुरा के साथ हलाहल रिसता क्यूं?
वह भी यदि धारण किया आपने, दिखता क्यूं?
आखिर क्यूं अंतर की पीडा, इतनी गहरी?
पलको के वृहद आंचल में, ना छिपता क्यूं?

है दर्द भरा इतना गहरा मन के भीतर,
फिर खो क्यों गए, हो कहां गए, कौतुक देकर?
हो भी या नहीं, उलझन कैसे एहसास करूं?
कभी कभी मन करता है विश्वास करूं.
जाऊं तो कहीं पर ढूंढूं तुम्हें तलाश करूं.

56. अधिक नहीं कामना मेरी

अधिक नहीं कामना मेरी बस इतना दे दो भगवान,
दुष्टों की मति जाए सुधर और हर चेहरे पर हो मुस्कान।
कोई जन लाचार विवश,
कर सम्मुख किसी के ना ले जाए।
कोई बालक कातर भूखी,
दृष्टि लिए ना अश्रु बहाए।
भूख, गरीबी, रोजगार हित कोई न खोए सम्मान।
अधिक नहीं कामना मेरी, बस इतना दे दो भगवान।।

नए वर्ष में पुण्य धरा पर,
आतंकी ना आने पाए।
शक्ति हमारी इतनी हो कि,
शत्रु नाम से ही थर्राए।
सकल विश्व में, जल थल नभ में, जन गण मन का हो बस गान।
अधिक नहीं कामना मेरी, बस इतना दे दो भगवान ।।

नए वर्ष में नई सुबह हो,
जीवन नए रंग रंग जाए।
पिछले वर्षों के कष्टों की,
याद करें तो याद ना आए।
राष्ट्र उन्नयन पथ पर आगे बढ़ता जाए बढ़ाये शान।
अधिक नहीं कामना मेरी बस इतना दे दो भगवान ।।
दुष्टों की मति जाए सुधर और हर चेहरे पर हो मुस्कान...

प्यारे बच्चे

57. प्यारी गौरैया

कोने में मेरे घर की मड़ैया,
रहती प्यारी दो गौरैया.
संग में थे दो नन्हें बच्चे,
प्यारे प्यारे अच्छे अच्छे.

देख उन्हें पर मैं जल जाता,
अपनी किस्मत पर पछताता,
कितना सुन्दर ये जीवन है.
माया मोह से विस्मृत मन है.
न जाना स्कूल विद्यालय,
न ही जाना है कार्यालय,
बस चूं चूं करके उड़ जाना,
इसका उसका खाना खाना.
गुस्से में मैं देख ना पाता,
जहां भी दिखती उसे उड़ाता.

पर उस दिन मेरी आंखों ने,
जी भर करके नीर बहाया.
रात्रि घोर थी आंधी पानी,
बदल गई फिर सारी कहानी.
घोसले से बच्चे थे गायब,
चिड़िया आई नहीं मिले तब.

खोज खोज के चिड़िया हारी,
घूमी धरती अम्बर सारी.
चिड़िया थी अब बहुत उदास,
नहीं बची थी कोई आस.

तभी कोने में मेरे घर के,
मुझे दिखे कुछ हिलते फर थे.
बच्चे प्यारे वहीं छुपे थे,
घबराये थे बहुत थके थे.
मैंने बाहर उन्हें निकाला,
दिया एक पानी का प्याला.
चिड़िया रानी खुशी से गाती,
मेरे बिना अब रह ना पाती.

58. मेरी बातें सुन

मेरे पास बैठ के तू, मेरी बातें सुन.
ऐसे रूठी बैठी है तू, क्यूं गुमसुम!
देख देख एक पल को हंस दे जरा,
मेरे दिल की हो रूकी, धड़कन तुम.
मेरे पास बैठ के...

देख देख चंदा कैसा गोल मटोल.
कभी दिखता छोटा, कभी रोटी जैसा गोल.
नहीं नहीं इसे नहीं खायेंगे हम.
अच्छा लगता, प्यारा सा है, ये है अनमोल.
इसके ऊपर बैठ के, खीचेंगे हम दुम.
ऐसे रूठी बैठी है...

प्यारी प्यारी इक कहानी, मैं सुनाऊंगा.
गोदी में लेकर तुझे मैं, लोरी गाऊंगा.
देख देख बीच में ना करना तुम तंग,
कैसे रोना गाने में, ये मैं सिखलाऊंगा.
मेरे गाने, तेरी सरगम से बनेगी धुन.
ऐसे रूठी बैठी है...

भौं भौं करता पप्पी, चल हम पकड़ के लाएंगे.
पीठ पे उसकी बैठ कर, उसको भी घुमायेंगे.
अरे अरे पूंछ नहीं छेड़ना अब तुम,
इसको सीधी दादा जी भी, न कर पाएंगे.

इसका करता क्या ये, इसको भी नहीं मालुम
ऐसे रूठी बैठी है तू, क्यूं गुमसुम!
देख देख एक पल को हंस दे जरा,
मेरे दिल की हो रूकी, धड़कन तुम.
मेरे पास बैठ के.....

59. नन्हा खरगोश

सभी जानवर रहते थे, जंगल में हिल मिल.
शेरू चाचा पर बन बैठे, थे सबके कातिल.

He was enjoying, killing animal.
That's why everyone was worried, in the Jungle.

एक कमेटी गई बनाई, साथ ही मीटिंग गई बुलाई.
सबने मिलकर एक सांस में, शेर खान की करी बुराई.
फिर सोमू हाथी ये परवाना, ले करके गया.
हाथ जोड़ कर शेर खान से, उसने ये कहा -

Do not kill animals, sir in a bunch,
One animal will come everyday, for your lunch.

शेरू बोला मुझको क्या, मुझको तो चहिए खाना,
लेकिन देखो लेट न करना, टाइम से आ जाना.

नन्हा सा सोमू खरगोश, उड़े हुए थे उसके होश.
आज थी उसकी आई बारी, पूरी मरने की तैयारी.
धीरे धीरे सहम सहम, बचने की उम्मीद थी कम.
सोच रहा पर जाते जाते, शायद शेरू करे रहम.

पर देख दहाड़ा शेर खान था, पूरा आग बबूला.
एक निवाले से खरगोश को, देखकर फिर ये बोला -

इतनी देर से बोल कमीने, करवाया क्यूं वेट?
छोटा सा है पिद्दी सा फिर, दो घंटे क्यूं लेट?

Somu said with a smile, small legs are mine.
And why are you roaring so much, are you not very fine?
We were six but king another, eaten others five.
He challenged and told also, he will eat you alive.

गुस्से में अब शेर दहाड़ा, कहां दूसरा राजा?
मुझे दिखाओ उसको, उसका अभी बजेगा बाजा.
सोमू लेकर चला उसे था, जहां कुआं इक गहरा,
बोला देख लो राजा जी, है इसी में पाजी ठहरा.
कुएं में झांका शेर ने देखी, खुद अपनी परछाईं,
फिर वो दहाड़ा, तो फिर आवाज दुगनी कुएं से आई.

Now he was very angry,
Since the morning, he was hungry.
He immediately jumped in the well,
And Somu rang the victory bell.

कुएं में डूबा शेरखान मरा, हो करके बेहोश.
अक्ल के कारण, शक्ति से जीता, नन्हा सा खरगोश.

60. मोती

निशा भला कब तक ये रहेगी,
सूरज फिर चमकेगा जग में।
खुशियां सदा सदा ही बसेंगी,
तेरे कोमल मन में।
अब तू ही बता कि कितने दिन,
फल पुष्प जुड़े रहते शाखों से।
फिर मोती क्यूं छलके आंखों से?

बचपन तो था बड़ा सुहाना,
स्वप्न सरीखा बीत गया पर।
इन सपनों की ही पलकों पर,
खुशियां खुद आयेंगी चलकर।
सुन तुझसे ही रोशन जग है,
ज्योति ज्यों घर के ताखों से।
फिर मोती क्यूं छलके आंखों से?

लोगों के कुछ भी कहने से,
क्या हम दुखी हो जाएंगे?
भला बुरा सब सोच समझकर,
बेहतर कल हम बनायेंगे।
अब ज्वाला हम उत्पन्न करेंगे,
बची हुई सीमित राखों से।
फिर मोती क्यूं छलके आंखों से?

दुख की कोई बात ही नहीं,
नव जीवन सा नव प्रभात है।
उत्सव की होली दीवाली,
तेरा घर सब तेरे साथ है।
गुड़िया सी तू रहे सदा,
मुस्कान तेरी बेहतर लाखों से।
फिर मोती क्यूं छलके आंखों से?
निशा भला कब तक......

61. टूटे पंख

तुझसे नहीं शिकायत कोई, पर क्यूं मुझसे मुख मोड़ लिया मां?
पंख निकलने से पहले ही, क्यूं उड़ने को छोड़ दिया मां?

घर में हो कैसा भी अवसर,
पहले खाना मैं खाती थी।
मुझको अमृत रस दे करके,
तू भूखी भी सो जाती थी।
अब मैंने भोजन की इच्छा, बचे खुचे से जोड़ लिया मां।
पंख निकलने से पहले ही, क्यूं उड़ने को छोड़ दिया मां?

मेरे मुख से वाक्य जो निकले,
कभी अमिट बन जाते थे।
जो कहती थी सांझ सवेरे,
दौड़ के पापा लाते थे।
अब इच्छाओं ने खुद अपने, मन पर ताला ओढ़ लिया मां।
पंख निकलने से पहले ही, क्यूं उड़ने को छोड़ दिया मां?

क्या क्या सपने देख लिए थे,
लगते बड़े सुहाने थे।
पर सब कुछ था विधि हाथों में,
सत्य से हम अनजाने थे।
अब हाथ की इन रेखाओं ने, हर पल में जीना सीख लिया मां।
पंख निकलने से पहले ही, क्यूं उड़ने को छोड़ दिया मां?

आंख बंद जब भी करती हूं,
याद तुम्हारी ही आती है।
सच कहती हूं सखी सहेली,
मुझको बहुत रूलाती हैं।
अब तो आंसू ने भी आंखों, से रिश्ता है तोड़ लिया मां।
पंख निकलने से पहले ही, क्यूं उड़ने को छोड़ दिया मां?

दिन दिन गुड़िया का आंगन,
मैं बैठ सजाती रहती थी।
साथ में बैठे गुड्डे के संग मैं,
ब्याह रचाती रहती थी।
खेल वही गुड्डे गुड़ियों का, किसने मुझसे खेल लिया मां?
पंख निकलने से पहले ही, क्यूं उड़ने को छोड़ दिया मां?

तुझसे नहीं शिकायत कोई, पर क्यूं मुझसे मुख मोड़ लिया मां?
पंख निकलने से पहले ही, क्यूं उड़ने को छोड़ दिया मां?

62. मुझे लगता डर

मैं तुम्हें प्यार करता बहुत हूं,
पर मुझे लगता डर,
तुम मुझे छोड़कर,
देखते देखते ही चली जाओगी,
रंग नया ओढ़कर...

कितने ही कर जतन,
था संभाला तुम्हें.
दर्द जब भी हुआ,
था पुकारा तुम्हें.
तुमसे मेरा चमन, सारी धरती गगन.
पल में उड़ जाएंगी, बंधनों को तोड़कर...
मैं तुम्हें तो संवारू बहुत हूं,
पर मुझे लगता डर,
तुम मुझे छोड़कर,
देखते देखते ही चली जाओगी,
रंग नया ओढ़कर...

तुमसे ही था चला,
गौरवान्वित खड़ा,
तुम हमेशा रही,
जीने की प्रेरणा.
तुमको देखूं तो था, मन ये जीवित मेरा,

अब तुम्हारे बिना, मेरा क्या है आसरा...
मैं तुम्हें दूर करता नहीं हूं,
हां मुझे लगता डर,
तुम मुझे छोड़कर,
देखते देखते ही चली जाओगी,
रंग नया ओढ़कर...

तुम मेरा प्यार हो,
पूर्ण संसार हो.
तुमसे सम्पूर्ण घर,
घर का श्रंगार हो.
मेरी प्यारी सखी, ओ मेरी नकचढ़ी,
श्वास तुम हो मेरी, कहना ना अलविदा...
हां तुम्हें मैं सताऊं बहुत हूं,
पर मुझे लगता डर,
तुम मुझे छोड़कर,
देखते देखते ही चली जाओगी,
रंग नया ओढ़कर...

प्रेम के पल

63. प्रीत का गीत

दिल के मेरे प्रेम का, तुम भी गाओ गीत।
आ जा प्रेम का दीप जलाकर, रचें नया संगीत।।

मधुशाला सी अतृप्त प्यास हो,
निर्मल जैसे गंगाजल।
प्रखर शक्ति सौन्दर्य का ऐसा,
फीके तीखे अनल गरल।
बंकिम चक्षु मदभरे तेरे, लेंगे सब जग जीत।
आ जा प्रेम का दीप जलाकर, रचें नया संगीत ।।

धरती के आंगन का चांद हो,
तुम हर दिल की हो हलचल।
वे मार्ग तृप्त हो जाते हैं,
कर जाती जिसमें कोलाहल।
तरूणाई का वक्त ये थोड़ा, कहीं ना जाए बीत।
आ जा प्रेम का दीप जलाकर रचें नया संगीत ।।

स्वर्णिम रूप निराला है ये,
किस प्रकृति की माया है।
इन्द्रलोक भी लज्जित हो,
ये इतनी सुन्दर काया है।
सागर की लहरों सा यौवन, गाए जैसे गीत।
आ जा प्रेम का दीप जलाकर, रचें नया संगीत ।।

64. प्रेम की गठरिया

मन में उमस है बरस से भरी हुई,
अब तो चलने दे प्यार की बयरिया।
तो छोड़ दे जिद खोल दे रे प्रेम की गठरिया।।

मीठी मीठी बात तेरी मिसरी सी लागे तू,
तेरी खातिर दिन रात मन मेरा जागे क्यूं?
तुझे जब देख लूं तो ऐसा मुझे लागे कि,
दिल के है पार हुई रूप की कटरिया।
तो छोड़ दे जिद खोल दे रे प्रेम की गठरिया।।

मुंह को छुपाये क्यूं तू हमको रूलाये युं?
घड़ी घड़ी भला आखिर हमको सताए क्यूं?
मारने को हमें तो बहुत है इतना ही,
कि पल भर को लचके तोरी ये कमरिया।
तो छोड़ दे जिद खोल दे रे प्रेम की गठरिया।।

ये सारी जवानी तोरी मोरी ढ़ल जाएगी,
बाद में बुढ़ापा हमें बहुत सतायेगी।
प्यार के इस वक्त में जो ना किया जी भर प्यार,
फिर ये जवानी रूठ जाएगी संवरिया।
तो छोड़ दे जिद खोल दे रे प्रेम की गठरिया ।।

कोई जो ले जाएगा, उठा के तुझे एक दिन,
पल में पराई तू हो जाएगी फिर एक दिन,

चली जाएगी तू बैठ के जो डोली में तो,
रह जाएगी, बस फिर खाली ये डगरिया।
तो छोड़ दे जिद खोल दे रे प्रेम की गठरिया ।।

(आकाशवाणी आगरा से प्रसारित गीत)

65. हृदय में प्रियतमा है बसी

अरूणिम लालिमा है अभी,
हृदय में प्रियतमा है बसी.

तीखे नैनों से, हृदय को वेधना.
शूल जैसी चुभन, है देती वेदना.
मूर्छित मन हुआ, भ्रमित सावन हुआ.
प्रेम से देखो तो, लौटे अब चेतना.
जीव में आत्मा है अभी.
हृदय में प्रियतमा है बसी...

एक प्यारी छुअन, दग्ध कर देती मन.
दूर पर जब रहो, अधिक होती जलन.
एक एहसास हो, अनन्त आभास हो.
असीमित प्यास हो, होती है कब शमन.
प्रेम की रिद्धिमा है अभी,
हृदय में प्रियतमा है बसी...

निष्ठुर ये हृदय, थोड़ा द्रवित करो,
आहत मन है ये, नहीं व्यथित करो.
हो कोमल कामिनी, सुधारस स्वामिनी,
मन के एहसास को, नहीं सीमित करो.
प्रेममय पूर्णिमा है अभी, हृदय में प्रियतमा है बसी...

66. कहां जाऊं बता

हुस्न तेरा कयामत, है सबको पता।
आंख तेरी शरारत, करूं क्या बता।
तो हुआ मैं तेरा आशिक, क्या मेरी खता?
अब तुझे छोड़कर कैसे जाऊं बता?

तू तो इक है फरिश्ता, हंसी खूब है,
तू ही मेरी अजीजा है महबूब है।
दिल करे जो अदावत क्या मेरी खता?
अब तुझे छोड़कर कैसे जाऊं बता?
हुस्न तेरा कयामत...

मेरी जन्नत की मन्नत हो मुझपे रहम,
मेरे ख्वाबों की हसरत हो मुझपे करम।
तू खुदा सी इबादत, क्या मेरी खता?
अब तुझे छोड़कर कैसे जाऊं बता?
हुस्न तेरा कयामत...

ये जो अल्फाज हैं, दिल के जज्बात हैं,
तुझको मेरी मुहोब्बत की सौगात हैं।
जुल्फ तेरी दे दावत, क्या मेरी खता?
अब तुझे छोड़कर कैसे जाऊं बता?
हुस्न तेरा कयामत...

तुझको मांगा खुदा से नहीं तू मिली,
तुझसे पूछा जो मैंने तू पिघली नहीं।
तेरे वालिद की मर्जी, क्या मेरी खता?
अब तुझे छोड़कर कैसे जाऊं बता?
हुस्न तेरा कयामत...

कर लिया जो निकाह, तू बदलने लगी,
जान मेरी ये दोजख में ढ़लने लगी।
या खुदा दे बता, थी क्या मेरी खता?
अब इसे छोड़कर, कैसे जाऊं बता?
हुस्न तेरा कयामत...

67. अधकचरी अमिया

अधकचरी अमियों को देखा,
तो मेरा मन ललचाया.

इक मन सोचे, ये पक जाए.
इक मन सोचे, हम खा जाएं.
मन की इच्छा ऐसी है कि,
दूसरा कोई ना पा जाए.
सुन्दर लागे, मन ये भागे, पल भर को था मैं भरमाया.
अधकचरी अमियों को देखा तो मेरा मन ललचाया.

न जाने किसकी है बगिया,
न जाने किसकी है अमिया,
तोड़ने जाऊं तो डर लागे,
टूट कहीं ना जाए डलिया.
देख के मन पर ऐसे भटके, पहले ज्यों देखन ना पाया.
अधकचरी अमियों को देखा तो मेरा मन ललचाया.

ये अमिया पक जाएगी इक दिन,
संग किसी के जाएगी इक दिन,
हम बैठे ही रह जाएंगे,
मंजिल ये पा जाएगी इक दिन.
इसने कितने दिन तक मेरे, मन को आखिर था तड़पाया.
अधकचरी अमियों को देखा तो मेरा मन ललचाया.

68. डर ये लगता है

डर ये लगता है, बन जाऊं कहीं ना कातिल?
पुष्प को देखकर, छूने को मचलता दिल.

ख्वाहिशें हैं जवां,
कुछ उम्मीदें भरी.
लगता जैसे कि ये,
वक्त हो आखिरी.
बाकी कुछ भी नहीं, हो जो ये हासिल.
कितनी है ये हंसीं....

है ये नाजुक बड़ी,
थोड़ी सी मखमली.
पास जाऊं तो मन में,
मचे खलबली.
मुझसे बोला खुदा नें, बस ये ही मंजिल.
कितनी है ये हंसी...

मौत से मंदिरों तक,
देखता पुष्प सबको.
भक्तों से आशिकों तक,
चाहिए ये ही सबको.
छूके कर लूं नमन, समझे सबका ये दिल.
कितनी है ये हंसी....

69. पूअर हसबैंड

छूट गए सब रिश्ते नाते, छूटा कवि सम्मेलन,
जबसे हुई है शादी बीवी मारे लेके बेलन.
रे पूअर हसबैंड! ओ पूअर हसबैंड!

सुबह सुबह जल्दी उठ जाऊं,
बच्चों को नहलाऊं धुलाऊं,
उनके टिफिन बैग लगाऊं,
टाइम से स्कूल पठाऊं,
बीवी खातिर चाय पकाऊं,
नाश्ता लेकर बेड तक जाऊं,
नहला धुला के भइया इसकी बैठ बनाऊं चोटी,
फिर भी नहीं मानती, जालिम खींचे मेरी लंगोटी.
रे पूअर हसबैंड.......

दौड़ता भागता आफिस जाऊं,
नए नए एक्सक्यूज बताऊं,
दिन भर बास की डांट भी खाऊं,
सबसे ही मैं आंख चुराऊं,
लंच भी जी भर कर ना पाऊं,
बैठ के लेट फिर काम कराऊं.
रास्ते में घर जाते भैय्या, ले जाऊं बिरयानी.
सारा बैठ के खाती बीवी, सोऊं मैं पी के पानी.
रे पूअर हसबैंड.......

मत करना तुम शादी भैय्या,
छीनेगी सारा ये रूपैय्या,
खूब धुनेगी उचक उचक कर,
करवायेगी दिन भर कत्थक.
हाथ पैर भी दबवायेगी,
नहीं मायके ये जाएगी,
सच कहता हूं रो भी नहीं पाओगे ओ घनचक्कर,
शेर बने फिरते हो, मसले जाओगे जैसे मच्छर.
ओ पूअर हसबैंड, रे पूअर हसबैंड

70. कौन हो तुम

कौन हो तुम, इक छलावा अथवा माया?
या मेरे मानस में विकसित सोच कोई,
या किसी अज्ञात भू की कोई साया?

लगता कभी किसी कोण से आ जाओगी,
और फिर कोई कौतुक जगा, भ्रमाओगी,
तुम ओस के बूंदों की चादर सी नमी,
इक पल में थी और पल में ही, खो जाओगी!
मंथन में सागर से ज्यो उपजी थी सुधा,
जीवन ने मेरे मधु सम तेरा रूप पाया.
कौन हो तुम इक छलावा अथवा माया?
या मेरे.....

तुम दिवाकर की प्रभा दिखती कहाँ?
तुम अनल का ताप हो टिकती कहाँ?
बदलियों से खेलती हो चाँद सी,
रूप हो जीवन का फिर रूकती कहाँ?
थी सुबह की स्वप्न कोई इक सुहानी,
चाह कर भी मन नहीं है भूल पाया.
कौन हो तुम, इक छलावा अथवा माया?
या मेरे......

श्वास हो दिखती नहीं, जीवन हो पर.
वक्त हो, चलता ही रहता है सफर.

कामिनी हो मन की गति, तृप्ति कहां?
तुम धरा की चाल, तुमसे हर प्रहर.
अद्भुत हो विज्ञान के अभियान सी,
पर सत्य या मिथ्या नहीं पहचान पाया.
कौन हो तुम, इक छलावा अथवा माया?
या मेरे......

71. बन जाओ ना

ऐ सुन्दरी हृदय में मेरे प्राण बन बस जाओ ना।
वीरान से इस मन्दिर की तुम आत्मा बन जाओ ना।।

मधुबन की मस्तानी महक हो,
तुम सितारों की चमक।
सर्दी की मीठी धूप हो,
जाए न कैसे मन बहक।
ऐ उर्वशी साधू के तप की साधना बन जाओ ना।
वीरान से इस....

मन्दिर का सुन्दर दीप हो तुम,
मोतियों संग सीप।
सबके हृदय पर दामिनी,
चाहें सभी समीप।
गजगामिनी याचक के मन की भावना बन जाओ ना।
वीरान से इस....

नैंनों में इस अनुराग स्वर में,
मोतियों सा राग।
होठों पे बसती प्यास है,
ना जाने किसका भाग।
ये सोडषी बाहों का अपने हार ले आ जाओ ना।
वीरान से इस....

है रूप में ऐसी तपन,
सबके ह्रदय में हो जलन।
तुम पूर्णिमा का चांद हो,
बस जो गई मेरे नयन।
ऐ कामिनी आंखों में मेरी ज्योति बन बस जाओ ना।
वीरान से इस मन्दिर की तुम आत्मा बन जाओ ना ।।

72. मेरी जीवन श्वास

कालेज के दिन में मैं मोहन, तुम मेरी प्रिय थी राधा.
तुम कंचन काया से शोभित, मैं तो ज्यों तेरे बिन आधा.
पर मुझको ज्ञात नहीं था कि तुम, मुझसे इतना प्यार करोगी,
दामिनी बनकर, मेरे ही घर पर, इक दिन आखिर आन गिरोगी!

तुम तब तक थी एक कली सी, सारी दुनिया तुम पर वारी.
अब दुनिया वाले भी हैं कहते, सुन्दर नारी हो गई भारी.
मुझको ज्ञात नहीं था कि तुम, मुझ पर ये आभार करोगी,
देश का सारा राशन खाकर, निज ऊर्जा विस्तार करोगी.

चन्द्रमुखी सी तुम दिखती थी, हमको थी प्राणों से प्यारी.
पर मैं था उस मुख पर मोहित, जिस पर होता था रोगन भारी.
मुझको ज्ञात नहीं था कि तुम, मुझ पर अत्याचार करोगी,
मैं चाहे बन जाऊं भिक्षुक, तुम दिन भर श्रंगार करोगी.

ध्यान कथन पर तुम मत देना, ये तो था उपहास प्रिय.
मैं तो अधूरा था जीवन में, तुमसे ही तन की श्वास प्रिय.
मुझको ज्ञात नहीं था कि तुम, मुझसे इतना प्यार करोगी,
कांटो का भी जो हो विषम पथ, पग पग मेरे साथ चलोगी.

73. तनहा हूं मैं

तनहा हूं मैं मिली ना, किसी की भी नजर.
कहती है जिन्दगी, प्यार कर प्यार कर.
तनहा हूं मैं...

चांद तो है मगर, चांदनी लापता.
आशियाना बनी, जिन्दगी ख्वाब का.
दर्दे दिल पे हुई, हर दवा बेअसर.
तनहा हूं मैं...

इक धुएं का गुबार, बन गई जिन्दगी.
रूठती जा रही, मुझसे क्यूं हर खुशी.
ख्वाहिशें हंस रहीं, अब मुझे देखकर.
तनहा हूं मैं....

नैन गमगीन हैं, रूह बेहोश है.
धमनियां सुस्त सांसे भी खामोश हैं.
जिन्दा हूं, जिन्दगी, मुझसे पर बेखबर.
तनहा हूं मैं...

तनहा हूं मैं मिली ना, किसी की भी नजर,
कहती है जिन्दगी प्यार कर प्यार कर.

74. फटे पन्ने

आज अचानक आखिर अर्से बाद,
धीरज टूट गया.
मन के भीतर के वो भाव,
जो कई सालों से मैंने दबा के रखे थे,
अनायास ही
आँखों के रास्ते बाहर आने लगे.
हमने सोचना चाहा,
अपने आप को रोकना भी चाहा,
पर शरीर के भीतर बसे उस
लावा को
न रूकना था न ही वह रूका.
बस बरबस ही बरसने लगी,
तुम्हारी यादों की शबनमीं बरसात,
जिन्हें हमने
अपने सीने में वर्षों पहले
दफन करने की असफल कोशिश की थी.
गुदगुदाने लगी तुम्हारी वो बातें,
जो कभी चेहरे पर मुस्कान
और मिठास ला देती थी.
सामने आ गई,
तुम्हारी वह मूर्ति,
जो सभी आकृतियों में एक साथ उतर आई थी.

और किसी छलावे की भांति,
दूर जाता तुम्हारा अस्तित्व
जो हमेशा के लिए मेरे
पलकों के साये में सिमट के रह गया था.
आज फिर वह सभी,
टेढ़ी मेढ़ी पगडंडियों की गर्माहट,
बिना कुछ कहे ही,
हिचकियों के रास्ते
अपने आप बाहर आने लगी.
बैठा था आज मैं
पत्रों और डायरियों के अपने उसी ढ़ेर के पास,
जहाँ हमने अपनी हसरतों की
कायनात को छुपा के रखा था.
हाँ हाँ वही जगह तो,
जहाँ मेरी सांसों से मिलती
तुम्हारी यादों का हर लमहा,
हमने बड़े जतन से सहेज के धरा था.
आज उन पलों के दौर से गुजरते हुए,
ह्दय के चीत्कार ने,
सारी सहजता छीन ली.
मैं बहुत देर तक अपनी,
उन सांसों से मिलता रहा
जो सचमुच थे मेरे अपने.
और फिर मैं काफी देर तक संवारता रहा,
अपनी डायरी के उन फटे पन्नों को,
जिन्हें मैंने फाड़ तो दिया था,
पर फेंक नहीं पाया...

75. मेरी वाली राधा रे

प्यार के इस खेल में, छल बिखरा ज्यादा रे।
कहां पे है छुपी ढूंढो मेरी वाली राधा रे ।।

हर घड़ी हर पल, तुझे ही पुकारूं मैं।
ढूढ़ने को तुझे सबको, जी भर निहारूं मैं।
मन नहीं माने, कोई भी मर्यादा रे..
कहां पे है छुपी ढूंढो मेरी वाली राधा रे।।

मन की इस आंख से मैं, देखूं तेरी आंखें।

हिरनी के जैसे मन ये, भरे है कुलाचे।
तेरी खातिर हुआ रसिया, मैं था सीधा सादा रे...
कहां पे है छुपी ढूंढो मेरी वाली राधा रे ।।

दर दर फिर रहा, प्रेम भिखारी मैं।
पर नहीं ढूंढ पाया, छाया भी तुम्हारी मैं।
सच कहूं तेरे बिन जिऊंगा नहीं ज्यादा रे...
कहां पे है छुपी ढूंढो मेरी वाली राधा रे।।

76. कैसे कह दूं

हृदय का नाजुक स्पंदन, जब तुम्हें सुनाई न देता हो।
मन का ये कोमल क्रंदन भी, जब तुम्हें सुझाई न देता हो।
पीड़ा के मौन स्वरों ने भी, एहसास जरा सा दिया नहीं।
पलको में छुपे हुए जल का, आभास जरा भी किया नहीं।
तो कैसे कह दूं तुम्हे सखे, जब मन रूठा है?
फिर मेरे लिए तो पुष्पों से सज्जित उपवन भी सूखा है।।

कोमल कंठ से विकसित स्वर, जब तुम्हें शोर सा लगता हो,
शाम की बोझल पलकों में, जब तुम्हें चोर सा दिखता हो,
जब साथ चल रही परछाईं ने, अनायास मुख मोड़ लिया हो,
जब हृदय के भीतर की सांसो ने, बेगानापन ओढ़ लिया हो,
तो कैसे कह दूं तुम्हें सखे, जब जग झूठा है।
फिर मेरे लिए तो पुष्पों से सज्जित उपवन भी सूखा है।।

जब मेरी बातें तेरे मन मे शूल सी चुभती रहती हों,
जब तेरी बातें मेरे मन से अनजानी बन फिरती हों,
जब हम दोनों ने अपने आंसू कहीं छुपा के रखे हैं,
जब न जाने किसके कारण कुछ भ्रम बनाये रखे हैं,
तो कैसे कह दूं तुम्हे सखे जब मन भूखा है।
फिर मेरे लिए तो पुष्पों से सज्जित उपवन भी सूखा है ।।

77. शादी

शादी ने किया है, मेरा बुरा हाल.
अब मुझे लगता है, पूरा ये बवाल.
शादी में जो लाया था, कपड़े उधार.
देने वाले ले गए, खींच के उतार!

शादी से छूट गया, मेरा पहला प्यार.
मेरे भोले दिल पर, चली ज्यों कटार.
शादी से पहले साथ घूमती थी यार,
अब वो भी भेजती है राखी वाला प्यार!

शादी से कुंद हुई, मेरी थोड़ी धार.
बंद हुई कन्याओं की, लम्बी कतार.
शादी से आ गए, बाल गोपाल,
अब तो हैं नोचते वो भी मेरे बाल!

शादी से हो गया, मैं कंगाल.
बाद में ही पिचके हैं, मेरे दोऊ गाल.
शादी से पता चला, भाव आटे दाल.
घर के छुड़ाता हूं, अब मैं सारे जाल.

शादी के बाद हुआ, चश्मा सवार.
पीठ पेट दर्द बढ़ी, बढ़ा है बुखार.
शादी के बाद उड़े, सर पे बचे बाल.
टेढ़ी हुई सीधी चलती, मेरी जीवन चाल.

शादी ने सिखलाया पर, कर्म का ख्याल.
कैसी होती जीवन रूपी, गृहस्थी का जाल.
शादी के पहले तो था, लंपट जैसा हाल,
बाद में ही बदला है, अपना हाल चाल.

शादी है सम्मान, नहीं है बवाल.
सबका ही तो होता है, ऐसा बुरा हाल.
शादी के बाद मिला, बीवी का जो प्यार.
उसके आगे तुच्छ है, कष्ट हजार.

शादी में छोड़ा उसने, अपना घर बार.
कहना माना पिता का, किया ना विचार.
शादी के बाद चली, अनजाने चमन.
नारी तू महान, मुझे मेरा शत नमन.

78. रूप का जाल है

बादल छा गए हैं शहर में,
बादल छा गए हैं शहर में,
ये मौसमों का मिजाज है,
या तेरे रूप का जाल है?
बादल.....

मेरी आंखों का तू नूर है,
क्यूं मुझसे इतनी दूर है?
कौन सा ये प्यार है जो,
वक्त से मजबूर है?
सूरज... खो गया दोपहर में,
ये ग्रहणों सी बात है,
या आंचल की तेरी छांव है?
बादल......

हृदय ये, तेरे बिन शमसान है,
बसे जो, इसमें तू तो जान है,
तेरे रूप स्वरूप का है असर,
सारा जग हुआ बेईमान है.
सागर... आ गया है शहर में,
ये चंद पल का ज्वार है या,
तेरे रूप का ये शिकार है?
बादल...

79. कामिनी

ओ काया कंच कामिनी,
ओ सोम सत्व स्वामिनी,
ओ मृदु मृदंग दामिनी,
तुम्ही हो मोक्षदायिनी ।।

सकल जगत, डगर डगर,
सरस, अनल-गरल-प्रखर,
अधम-अगम, सहज-सरल,
हो मन तरंग वाहिनी ।।

मदक्त वेश, मुक्त केश,
नरेश नर, सकल संदेश,
दृश्य दीर्घ लोचनम्
अशक्त सुर सुरेश्वरम् ।।

विकल विकट, विनय विनीत,
आचमन, अनन्त प्रीत।
जलज, जलधि, नमति नमति,
हलाहलम् मधुर भवति ।।

ओ मम् हृदय विहारिणी,
विनोदवम् विचारिणी,
सुरस्य सुख प्रदायिनी,
नमामि शीतदायिनी ।।
नमामि शीतदायिनी ।।

80. कहीं न जाए टूट

छोटी छोटी बातों से मत जाओ युं तुम रूठ।
मुश्किल से बनते हैं रिश्ते ये कहीं न जाएं टूट।।

इतनी सारी बातें की थी जो,
भूल गई क्या तुम वो?
हर पल प्रीत का साया था,
सब कुछ लगता पाया था।
आसमान से जैसे चन्दा,
हाथ पकड़ कर लाया था ।।
सच थी सारी बातें वो, नहीं समझना झूठ।
मुश्किल से बनते हैं रिश्ते ये कहीं न जाएं टूट।।

मीठे मीठे सपने जो,
साथ बुने थे हमने वो,
क्या आंखों का धोखा था?
फिर तुमने क्यूं न रोका था?
जेठ की बढ़ती गरमी में वो,
ठंडी हवा सा झोंका था।
हाथों से फिसलता जा रहा, ये वक्त न जाए छूट।
मुश्किल से बनते हैं रिश्ते ये कहीं न जाएं टूट ।।

तूने ही किए थे वादे,
अब भूली सारी फरियादें।
तेरी यादों के साये से,

बिन मौसम बौराये से,
साथ में चलने की खातिर,
हम परछाई बन आये थे।
कच्ची मिट्टी का है ये घड़ा, बेवक्त न जाए फूट।
मुश्किल से बनते हैं रिश्ते ये कहीं न जाएं टूट ।।

छोटी छोटी बातों से मत जाओ युं तुम रूठ।
मुश्किल से बनते हैं रिश्ते ये कहीं न जाएं टूट।।

81. मनमोहिनी

मनमोहिनी,
मन की मेरी, हो कामना,
आ जाओ ना...

चलती हो तो ज्यों पवन रूक गई,
तुम्हें देखने को घटा झुक गई,
प्यासी नदी सी बढ़ी तुम चली तो,
ये धड़कन भटक के कहीं छुप गई।
दीपक हो तुम, मैं अंधेरा घना,
इसमें थोड़ा उजाला तो कर जाओ ना।।
मनमोहिनी...

सागर से आके नदी मिल गई,
बादल चला तो जमी मिल गई,
सुनहरी सुनहरी सुबह कह रही,
देखो नैंनों से मेरे नमी मिल गई।
जीवन हूं मैं, तुम हो शीतल पवन,
आके मेरी ही सांसों में बस जाओ ना ।।
मनमोहिनी...

हर प्रहर बन के तितली चहकती रही,
पुष्प बगिया में जैसे महकती रही,
दिव्य तुम हो धरा धन्य तुमसे हुई,
हर घड़ी बस मिलन को मचलती रही।

कीचड़ हूं मैं, तुम हो सुन्दर कमल,
आके मेरे ही ह्रदय में, खिल जाओ ना।।
मनमोहिनी...

मनमोहिनी,
मन की मेरी, हो कामना,
आ जाओ ना...
दीपक हो तुम
मैं अंधेरा घना
इसमें थोड़ा उजाला तो कर जाओ ना
मनमोहिनी...

82. मन मेरा बावरा

मन मेरा बावरा, है तुम्हें ढूंढता,
अब कोई तो बता दे, तुम्हारा पता।
मन मेरा बावरा....

किस तरू के तले, तुम हो बैठी हुई?
शक्ति कैसी लिए, मन में आने लगी।
बदलियों को छांटकर, मैं रहा खोजता,
अब कोई तो बता दे तुम्हारा पता।।
मन मेरा बावरा....

किस घड़ी की चाह में, मुझसे हो छुपी हुई?
पुष्प सब तरूण हुए, तू मगर नहीं दिखी।
हर नगर हर गली, मैं रहा पूछता,
अब कोई तो बता दे, तुम्हारा पता ।।
मन मेरा बावरा....

मन में तू युं बस गई, चैन पल भर नहीं,
डर लगे कभी कभी, खो ना जाऊं कहीं।
मन्दिरों में मस्जिदों में, मैं रहा दौड़ता,
अब कोई तो बता दे तुम्हारा पता।।
मन मेरा बावरा....

मास सारे गए, लो बसन्त आ गया,
मन तरंग ने कहा, मन को कोई भा गया।

तितलियों ने दिया, उसके घर का रास्ता,
मुझको जैसे मिल गया, मेरे मीत का पता ।।
मन मेरा बावरा....

(आकाशवाणी आगरा से प्रसारित गीत)

दिन प्रतिदिन की घटनाओं का जीवंत प्रतिबिम्ब है अवशेष - अवशेष में प्रस्तुत कहानियां हमारे समाज में घटने वाली दिन प्रतिदिन की घटनाओं का जीता-जागता प्रतिबिम्ब है. हमारे चारो ओर आए दिन ऐसी घटनाएं घटती रहती हैं जिन पर अमूमन हमारा ध्यान नहीं जाता है मगर वह समाज के स्थापित मूल्यों की धज्जियां उड़ाती रहती हैं, कई बार इस तरह की घटनाएं हमें झकझोर कर रख देती है मगर कुछ समय बाद हम उसे भुला देते हैं मगर कहानीकार मनोज श्रीवास्तव ने इन्हीं घटनाओं के मानवीय संवेदनाओं को इतनी बेहतर तरीके से शब्दों का परिधान पहनाया है कि जिससे वो पूरी तरह सजीव हो उठी हैं. अवशेष के बारे में निःसंदेह कह सकते हैं कि एक बार पढ़ने के बाद बिना इसे समाप्त किए आप रूक नहीं पाएंगे.

दैनिक हिन्दुस्तान (समाचार पत्र)

अवशेष यथार्थ का आइना - मध्यम वर्गीय जीवन के जद्दोजहद को उजागर करती इसकी कहानियां सादगी की समृद्धता लिए हुए हैं, इस संग्रह की कहानियों में ग्रामीण जीवन का ठाठ, अभाव और द्वंद देखा जा सकता है. नीयत और नियति से जूझती हुई कुछ कहानियां, संघर्ष और स्वप्न सीझती हुई कुछ कहानियां अप्रत्यक्ष की इतनी गहरी प्रत्यक्ष भागीदारी करती हुई, प्रेम और

कर्तव्य की खुशबू से सरोबार मानवीय चरित्रों की सार्थक बुलंदियों तक स्थापित करती हैं, इसकी कहानियों में अनोखी लयबद्धता भी महसूस होती है. किंतु यह कोई शिल्पगत प्रयोग नहीं, अपितु मृण्मयता को, अमूर्तन की व्याप्ति में निष्पन्न कराने की साधना है जिसे मनोज कुमार श्रीवास्तव ने इस रचना संग्रह में साधा है.

दैनिक जागरण (समाचार पत्र)

वैचारिक परिशोधन में सक्षम अवशेष - बैंक अधिकारी के रूप में कार्यरत उदीयमान साहित्यिक व्यक्तितत्व का साक्षात आगाज मनोज कुमार श्रीवास्तव की कहानी संग्रह अवशेष साहित्य जगत को अर्पित है. श्रेष्ठ कथाकार वही होता है जो वर्ग विशेष के लिए नहीं बल्कि समाजोत्थान के दायित्व के लिए हो. कहानी संग्रह अवशेष कुल पंद्रह कहानियों का संकलन है, जो समय समय पर अथवा परिस्थिति विशेष में लिखी गई लगती हैं.

विराट वैभव (समाचार पत्र)

अवशेष आम आदमी से बात करती कहानियां - अवशेष मनोज कुमार की 15 कहानियों का एक संग्रह है, कुछ कहानियां निश्चित रूप से मार्मिक एवं हृदय को छू जाने वाली हैं. कहानियों में गति है, घटनाक्रम बड़ी तेजी से बदलते हैं और शायद यही कारण है कि कहानी पाठकों को बांध कर रखती है.

डी.एल.ए. (समाचार पत्र)

आपने अपने व्यस्त एवं नीरस बैंकिग जीवन से समय निकालकर उत्तम कोटि के सरस साहित्य का सृजन किया है, इसके लिए आप अनेकशः बधाई के पात्र हैं.

आर. राजामोहन (उप महाप्रबंधक)

भावप्रवण और हृदयावर्जक कहानियों को पढ़कर आपके कथाकार रूप के प्रति मन में अपार श्रद्धा उमड़ पड़ी है, हिन्दी कथा साहित्य को आप जैसे मनोविश्लेषकों की आज विशेष आवश्यक्ता है, आपसे हिन्दी कथा साहित्य को बहुत आशाएं हैं.

डा. शिववंश पाण्डेय (पूर्व उपाध्यक्ष सह निदेशक, बिहार राष्ट्रभाषा परिषद)

www.ingramcontent.com/pod-product-compliance
Lightning Source LLC
LaVergne TN
LVHW100031051026
849525LV00001B/48
* 9 7 9 8 8 9 4 9 8 2 8 1 6 *